JN125856

ビジネスのための

マーケティング戦略論

―企業の永続化を目指す実践的考え方―

大友　純・河内俊樹 [著]

同文舘出版

人と人との永続的な関係を保証するのは
互いの互いに対する"敬意"の存在が不可欠である。

はじめに

　本書の目的は，現実のビジネスや企業のマーケティング戦略実務において，少しでも多くの戦略的アイディアの創出に貢献できる考え方を提供することにあります。それゆえに，本書はビジネスに携わっておられる方々はもとより，大学の学部・大学院の授業等においても，さらには現実のビジネス実務に関心を寄せている学生の皆さんにも，ぜひ手にしていただきたいと考えています。

　本書の執筆内容については，ビジネス実務者の方々との議論の中で生み出された多くの知見が生かされている，と言っても過言ではありません。大友は，明治大学リバティーアカデミーをはじめとするビジネス実務者を対象とした数多くの講座やゼミナール，企業研修や経営指導，また社会人が数多く受講している明治大学大学院商学研究科および明治大学専門職大学院グローバル・ビジネス研究科での授業を通じて，また河内は，松山大学コミュニティ・カレッジで社会人やビジネス実務者を対象とした講座やゼミナール，そしてその他経営指導等を通じて，ビジネス現象に対する考えや理屈について披露させていただく機会に恵まれてきました。これら多くの講座等で出会った受講者の方々との議論や交流において，現実のビジネス実務において何が問題となっているのか，そしてどのような戦略的課題の解決が求められているのか，といったことについて，われわれは日々の実務に携わる方々からリアルな声を聞く機会に恵まれました。そのような貴重な経験が，学術界に身を置くわれわれの研究上の原動力とその指針になっていたことは，間違いのない事実であります。そこで得られた知見を，受講者の方々にそれぞれのビジネスにおいて実践していただき，その検証を重ねることができました。本書のような形で一定の見解を提示するに至ったことは，感謝の念に堪えません。

　特に本書においては，ビジネス実務のお立場から小堺規行氏（住友大阪セメント株式会社）と松田良太氏（日本水産株式会社）にケースの執筆をお願いしました。2つのケースは，長年にわたり大友のビジネス講座を受講していただく中で，本書で展開された理屈や考え方を，実際のビジネスに応用していただい

た成果です。読者のみなさんには，ぜひ，本書で提示された考え方のビジネスにおける"使い方"についても注目していただければ幸いです。

　さて，本書はすでに述べたように，実務的示唆に富むような理論提示を試みることを目的に，以下のような構成を採っています。

　第Ⅰ部では基礎編として，マーケティングの本質とビジネスの永続性について明らかにしていきます。第1章では特に，4P（論）として語られるマーケティング論とは一線を画した，マーケティングの本質について迫っていきます。マーケティングとは何を目指していくことなのか，ビジネス用語として定着している「顧客志向」を遂行することがいかに難しくお題目となってしまっているのか，またその「顧客志向」の遂行のために不可欠な，全社員一人ひとりがマーケティング担当者として自覚し行為展開することがどれほど重要であるのか，などについて説明されています。4P（論）での説明では決して見えることがなかった，マーケティングの真の世界観について理解していただけるものと確信しています。

　第2章では，現代のビジネス実務界を席巻する企業・事業規模拡大志向について，その呪縛を解くことを試みた説明を展開しています。その中では，マーケティングとは本来無縁の存在であった事業規模拡大志向の発想が，どのようにしてマーケティングに接近することになったのか，また規模拡大志向を持ったビジネスの発想がいかに限界を迎える宿命にあるのか，そして今日的に要請されるマーケティングが，事業規模拡大志向と距離を置き始めたという現実について説明されます。ビジネスの方向性とそのあり方に対する根本的な問題提起を含んでいるという意味で，従来のマーケティング論では触れられてこなかった側面が覗けるのではと考えています。

　第3章では，第2章での基本的な視点を引き継ぐ形で，改めて拡大成長主義に対して懐疑的な見方を提示するとともに，長寿企業・老舗企業の特質を明らかにしていきながら，顧客との関係性について，そしてビジネスのあり方に対する本質について再考させられるような説明を展開しています。長寿企業・老舗企業に対する分析を基に明らかにされた様々な実態は，時代を超越しても支持され続けるという不可思議性について，的確かつ説得力のある解明がなされ

ます。昨今のビジネスのあり様からはすっかり忘れ去られてしまったであろう“ビジネスの原点”に立ち返り，またビジネスの姿勢を正すきっかけがここにあると言えるでしょう。

　これら第3章までの論考を通じて，今までのマーケティングのテキストでは見えてこなかったマーケティングが本来有していた固有の世界観について，理解していただくことを期待しています。

　続く第Ⅱ部では応用編として「永続化のための実践的考え方」と題し，マーケティング戦略としてビジネス成果に結実させていくための実務的実践的視点に焦点を当てた考え方を展開していきます。第4章では，製品に対する見方と考え方を紹介していくとともに，製品の売れ行きを見極めるのに不可欠な「増分効用」の概念を中心的な手がかりとしていきます。特に「製品コンセプト」について，従来のマーケティング・テキストでは見られないような，“売れる”製品を生み出すための条件である開発視点として位置づけ，その発想を改めることの重要性について説明されています。また本章の後半では，ブランドとは何かということについて，製品コンセプトとの関係から言及を試みることで，ブランドに対する本質が垣間見えることへの期待を込めた考え方が提示されています。

　そして第5章では，製品やサービスのコンセプトの創出にとって「願望」を探索することがいかに重要であるのかについて言及しています。本章を通じて，「ニーズ」や「ウォンツ」の本質的な考え方，そしてそれらを製品やサービスのコンセプトの創出において，どのように表現化していけば良いのかについて詳細に説明されます。

　続く第6章では，戦略提案に向けた準備として，従来の財に対する考え方，およびその分類概念に対して発想を柔軟にすることの重要性が説明されます。特に発想を転換することによって，“売り方”が変わることは注目に値します。“売り方”が変われば，対象市場にも変化が生まれます。また“売り方”が変われば，売り方としての“コツ”と“訴求内容”も変わります。財や市場に対する従前の考え方を転換し，その限界を打破するための基本的視点がここでまとめられています。

第7章および第8章では，従来のマーケティング・テキストではあまり言及の見られなかった，営業問題について全面的に取り扱っています。第7章の前半では，特に大学の学部生に対しても理解してもらえるように，ビジネスにおいて営業とはどういう役割や機能を担う存在であるのか，また営業担当者が取り組む仕事とはいかなるものであるのか，ということについて整理をしています。第7章の後半では，「アフターセールス（戦略）」概念に再注目をすることで，今日の営業担当者が携えるべき規範と指針について理解が促されるのではないかと考えています。

　続く第8章では，取引先との取引関係を識別するフレームワークを提示し，自らが置かれたビジネス状況について把握可能にすることで，そのビジネス状況に即した戦略指針について説明しています。また，ビジネス取引における交渉力を強化するための戦略提案の視点についても詳述されることになります。ここでは，交渉材料となる取引先企業の分析について触れていることにも注目していただけたらと思います。

　本書を通じて，われわれは実践的学問としてのマーケティングが，「モノを売るための単なる手練手管としての知識体系ではない」という理解が促進され，さらには，"机上の空論"として位置付けられてしまわないことを切に願っております。本書から，ビジネス戦略の成果を上げるためのヒントが1つでも多く見出され，実践的に活用していただければ，著者としてこれに勝る喜びはありません。

2020年7月

大友　　純

河内　俊樹

ビジネスのためのマーケティング戦略論
―企業の永続化を目指す実践的考え方―
目　次

第3章　不拡大永続主義の論理とその方法 ———— 49

Ⅱ 応用編
永続化のための実践的考え方

第4章　製品コンセプト創造の重要性と
ブランド化の論理 ———— 71

第5章　製品コンセプトの創出に不可欠な 願望探索の重要性　——————————— 107

I 基礎編

マーケティングの本質と
ビジネスの永続性について理解する

人間の「営み」とは、人と人との関係における
"生活のあり様"そのものである。

第1章 マーケティングの本質を理解しましょう

1. マーケティングとは何か

　「マーケティング」とは，これまで多くの学者や研究機関によって様々な定義，すなわち"意味付け"が行われてきました。それをまとめてみれば，何らかの製品やサービスを創り出して価格付けして，それを買いたいという人や組織に"売るために必要な考え方の総称である"と言えます。したがって，そうしたモノの製造から消費に至るまでの仕組みづくりを通した価値をどう創るか，ということがマーケティングの最重要課題になります。

　一般に，こうして創り出したモノを誰かに金銭と引き替えに売ろうとする人や組織のことを「売り手」と言い，金銭を支払ってそれを買う個人や組織，企業のことを「買い手」と言います。この「売り手」の側に所属するのは，農林水産鉱工業者や土木建設業者などあらゆる業種の人々や企業が創り出す多様な生産品，いわゆる「製品」を創り出して販売している企業はもちろんのこと，それら多種多様な製品を仕入れて他の企業に販売している卸売業者や店舗を設けてそれらを消費者に直接販売している小売業者，あるいは店舗を設けないでテレビや雑誌で広告を出して電話やメールを受けて製品を郵送販売する，いわゆる通信販売業者などです。さらには飲食店や美容院，配送業者，マッサージ業者，清掃業者などのように製品ではなく，人手や種々の道具を利用しての行為そのものを販売するサービス業者も「売り手」なのです。もちろん鉄道や航空，船舶，バス，タクシーといった輸送に関わる企業や保険会社，銀行といった企業もすべてサービス業者として「売り手」の側に所属しています。

　また企業だけでなく，学校や病院といった公的な組織の場合も「売り手」の側に所属しています。たとえば大学などは専門的な研究・教育情報を創り出して，受験料や入学金，そして授業料という価格を付けて売ろうとする「売り手」でありますし，それを買う学生の皆さんや生涯教育講座を料金を支払って受講

する社会人の皆さんは「買い手」なのです。病院も医療行為を創り出す「売り手」でありますし，その行為に対して医療費を支払うわたしたち患者は「買い手」ということになります。まさに大学は専門的な研究教育情報を生産して売るというサービス組織であり，病院は医療行為や医療技術を売るというサービス組織なのです。

　さらにはわたしたち個人もこの売り手側に所属する場合があります。たとえば「メルカリ」を利用したり，地元でイベントとして行われているフリーマーケットに出店したりして自身の所有物を売った方もおられると思いますが，そのときのわたしたちはまさに「売り手」なのです。あるいは個人として農産物を育てて販売した経験のある皆さんや，海や川で釣った魚を販売したことのある皆さんも「売り手」なのです。

　こうした製品やサービスと貨幣のやり取りを行う行為主体である「売り手」と「買い手」の経済的な関係を一般的に「取引関係」と呼んでいます。もちろん，就職活動を行う学生の皆さんとそれを受け入れる企業との間も「取引関係」なのです。学生の皆さんは自身の労働の「売り手」でありますし，それに給料を支払う企業の側は「買い手」なのです。

　そしてこの関係が貨幣を介して成立する場所を一般的に「市場」と呼んでいます。特に売り手と買い手が直接相対して取引が行われているような特定の場所，たとえば魚や野菜を扱う業者が多数集まり生鮮取引が行われるような具体的な場所であれば「イチバ」と呼んでいます。他方で，売り手と買い手が直接顔を合わせなくても証券会社や銀行などが介在して取引が成立する証券取引や金融取引などが行われる「場」であれば「シジョウ」と呼んだりしています。また国や地域，産業など全体的な取引状況やその規模を説明するときにも「シジョウ」と呼んでいます。たとえば「日本の小売市場」とか「東京の卸売市場」，「現代の家電市場」，「米国の自動車市場」，「日本の労働市場」等々，すべて「○○シジョウ」と呼んでいます。

　日本では昔からこの「売り手」の側から見た取引行為のことを「商い」と呼んできました。この"商う活動"をする人々を「商人」と呼び，その対象となる製品のことを「商品」と呼んできました。そしてこの取引関係を成立させるために多くの商人たちが最も大切にしてきたのが"その主役は買い手なのだ"

という考え方でした。それは，企業が取引を行う場である商品市場やサービス市場で消費者に認めてもらうのは難しいことですし，労働市場においては個人が企業に認めてもらうのはそう簡単ではないことからも理解できます。

　今日のマーケティングの考え方の核心もまったく同じなのです。すなわち売り手側との取引に応じるか応じないか，買うか買わないかという取引の最終決定権を持っているのは買い手側であり，売り手側ではないということです。したがって，"買ってもらう"という取引が成立するためには，売り手側は常に買い手側の欲しい商品はどういうものなのか，その希望や期待するところは何かを捉えておかなければなりません。そしてそれを満たすような取引価値を提供するためには，価格や納入時期などに関する様々な条件についても，いかに提示すべきかを考えなければなりません。そのためには，常に買い手側の立場に立って考えるという姿勢や考え方こそが必要不可欠となります。マーケティングの基本理念であるとして強調されてきた「顧客志向」あるいは「消費者志向」というのもそうしたことから主張されてきたのです。

2. 製造も販売もすべてが商行為でありビジネス行為であり，そしてマーケティングである

　ところで，「商人」とか「商店」というとわたしたちは「卸売店」とか「小売店」という個人営業者のことを連想しがちですが，もちろん卸売商社や百貨店，チェーン店のような大規模に運営されている企業組織も含まれます。さらには製品やサービス行為を創り出している「製造業者」や「サービス業者」も一見「商人」とは違うように思われがちですが，その製造品やサービス行為は必ず誰かに買ってもらわなければ経営自体が成り立たなくなるわけですから，やはり「商人」としての"売る行為を前提に組織運営をしなければならない"のです。こうして「商人」としての"モノを売る"という行為を「商い」とか「商業」と言うのであれば，それは英語で言うところの「ビジネス（business）」と同じであると捉えてよいでしょう。

　この「商い」とか「商業」，あるいは「ビジネス」という行為が成立する，すなわち「取引」が成立するためには何よりも買い手の側がその対象となるモ

ノについて，売り手の側の提示した価格で使用したり消費したりするだけの価値があると認めなければなりません。買い手側が売り手側の示す物体や行為に対して，お金を支払って買うだけの価値があると認めた瞬間，それはただの物体や行為ではなく，そうした価値を持った「財」になるのです。この価値を持った物体を「有形財」と言い，同じように価値を持ったサービス行為を「無形財」と言います。したがって，製造業者は「有形財」を創り出し，サービス業者は「無形財」を創り出しているのです。そして有形財の中でも原材料品や工業部品のように生産に用いられる財を「生産財」とか「産業財」とか「業務用財」と呼び，食品や衣料品などの消費者が購買する財を「消費財」と呼んでいます。また無形財は「サービス財」と呼ばれることもあります。

　このことからすれば，卸売業者とは多くの製造業者が造った様々な有形財を仕入れて，小売業者の店に陳列する必要のある商品を取り揃えて運ぶ，すなわち"卸す"という活動をするサービス業者であると言ってもよいでしょう。また小売業者も，その店が立地する地域の消費者が日々の生活において必要とする有形財を陳列し，買い求めやすくしてくれるというサービスを提供する業者であると捉えてもよいでしょう。

　この有形財にしろ，無形財にしろ，そうした財を使用・消費するだけの価値があると買い手側に認めてもらう売り手側の活動こそが，「商い」もしくは「ビジネス」という商行為であり，業務であり，仕事なのです。まさにそうした活動そのものが「マーケティング」という職務なのです。そして買い手である顧客に売り手として提供する財の価値を認めてもらうためには，顧客が何を望んでいるのか，いかなる使用・消費価値を求めているのか，売り手側の財に対していかなる期待や欲求を持っているのかを理解することが不可欠となります。それを知ってこそ，買ってもらうための魅力的な価値の説明が買い手にできるのです。一般に，この説明をする活動のことを販売活動，営業活動，プロモーション（promotion）活動などと呼んでいます。

3. 顧客志向を実践することの難しさと社員教育の重要性

　しかし，現実の仕事の中では，あるいは組織としての活動の中では，この"顧

6

客に商品の魅力を理解してもらう”ということはそうやさしいことではありません。意外と難しいことなのです。なぜなら，一般的に顧客の都合や顧客の立場に立って考えることよりも，組織にとっての都合が優先されてしまいがちだからです。

　すなわち日常的な仕事の中では，顧客の立場よりも企業の中で仕事をしている個人の立場，部門の立場，あるいは個々人の役職上の立場，組織としての立場等々が優先されてしまうことの方が一般的だからです。こうした組織や企業側の立場は，顧客側にとっての買うべきか買わざるべきかという取引の決定問題においては何の関係もないことです。たとえば“在庫を減らす”という活動は企業にとっては重要なことですが，顧客にとっては関係のないことです。逆になぜ“在庫が生じてしまうのか”ということを考える方が先でなければなりません。本来，多くの顧客にとって魅力的な財であり，購買価値があると判断されるような商品であれば在庫は生じないのですから。

　したがって，ビジネスを行う組織や企業側にとって最も重要なことは，売り手としての自分たちの都合を優先したいという誘惑をいかに捨て去り，常に“買い手である顧客の側の期待や要求に応える活動を最優先する”という強い意志を持った考え方をしなければならない，ということなのです。そしてこの考え方に基づいた日常的な仕事，業務を社長から新入社員まで，もちろんアルバイト等も含めて，実行できるかどうかが企業組織の最重要課題となるのです。

　実は，この課題を乗り越えられるかどうかは，組織全体としての「教育力」がどれほどであるかに関わっているのです。たとえば，社員の誰か一人が，それが社長であってもアルバイトであっても，顧客に対して不満や不快感を与えるような行為をしてしまえば，たちまちのうちに顧客の信用や信頼を失い，二度と顧客として戻ってきてはくれないでしょう。したがって，企業組織全体として，そしてそこに携わる社員一人ひとりが，どうすれば顧客が満足してくれるのかを考えながら仕事をしなければならないのです。このためには“顧客の立場”を理解しなければなりません。では，どうすればそれが理解できるのでしょうか。それは一人ひとりに対する教育を通してしか達成することはできません。そうした価値観を理解し，自らの日々の仕事に反映させることができるような教育こそが重要となるのです。

4. 主意主義的な経営体制づくりの重要性

　企業が最善のマーケティング活動，すなわち顧客にとっての価値の提供を最優先するような活動を展開するためには，何よりもその組織内のすべての人々が，働きがいを感じて仕事ができるような状況を創り上げることが必要不可欠となります。なぜなら，アルバイト等も含めて企業の組織構成員の一人ひとりに，顧客のために働くという業務目的の理解とそのための“意欲”や“意志”がなければその実現は難しいからです。したがって，社員全員が顧客のために働きたくなるような「組織環境づくり」こそが，企業の最重要課題となるのです。この仕事こそがマネジメント，経営管理者，社長と呼ばれるような人々の役職そのものでもあるのです。

　この具体化のための条件は2つです。1つは「顧客のために働くことの価値を理解し，意志を持ってそれを行う」ということです。これには上述したように，社長からアルバイト等に至るまで，企業組織全体としての社員教育の内容や教育技術自体が大きく影響します。もう1つは「社員一人ひとりの仕事の内容と成果に見合った報酬があるかどうか」ということであり，しかもそれは誰もが納得する形で制度化されていなければなりません。

　企業組織としてのこの2つの条件が満たされていれば，企業全体としてマーケティング志向に基づいて「社員一人ひとりが，自分がどういう仕事をすれば顧客の価値に繋がるのかということを自ら考え行動できるような，いわゆる“自律的な働きのできる社員”で満たされた会社」が実現することでしょう。特に理性や感情以上に意志を重く見るような立場を“主意主義的である”とよく言いますが，したがって，このような考え方に基づく経営のことを「主意主義的経営」と呼んでもいいと思います。このような経営体制の下では，上司が部下を評価する基準さえも社会にとって望ましいものになります。すなわちそこでは，上司に評価される仕事ではなく，顧客や社会に評価されるような仕事をどの程度行ったかが，個々の社員の評価基準となるからです。「マーケティング」という理屈が考察対象としている企業とは，役所などの公的機関や電力会社などのような独占企業とは異なり，顧客や社会からの支持を受けてのみ，その市

場での存続が許されている，という社会的組織体としての価値を持った存在だからなのです。

5. 企業内のすべての役職や部署の一人ひとりが マーケティング担当者である

　主意主義的な企業活動の実践においては，したがって組織を形成する従業員の一人ひとりが，上司に言われなくても，目の前の顧客の満足に繋がる活動をいかに行えばよいかを自ら理解して対応できなければなりません。もちろん社長や部長といった役職者も，直接顧客と接していない部署の従業員もそしてアルバイト等もすべて一人ひとりが理解し実践できなければなりません。たとえば経理係のミスで顧客に二重に請求書を送れば，すでに支払い済みの顧客は怒るでしょうし，飛行機などの整備係の怠慢から問題が発生し，出発時間の遅れや，まして何らかの事故などに繋がってしまえば，企業全体の失態として顧客の大きな不満を生じさせてしまうことになるでしょう。そして必ず「いったいこの企業の教育はどうなっているんだ！」とか「まったく社員教育のなっていない会社（店）だ！」と非難されることになります。延いては社長の謝罪や辞任にまで追い込まれることになるかもしれません。

　顧客にとっては，目の前の売り手が役職者であろうと，社員が正規であろうと非正規であろうと，あるいはアルバイトの学生であろうと関係のないことです。もしそこで顧客が不満を感じれば，それはその企業自体の"顧客対応"なのだと受け取りますし，こうした事態が生じれば，要するに顧客の側は笑顔になることはないでしょう。顧客は満足を得てこそ"笑顔"になれるのです。ということは，企業のすべての人々のあらゆる部署の仕事というものは，顧客の笑顔に繋がるものでなければならず，そのためにはいかなる役職や部署の仕事でも真摯に，正直に，誠実に，的確に，迅速に行われてこそ，はじめて達成されるものだということを知らなければなりません。

　したがって，マーケティングとは一言で簡単に言ってしまえば，企業が一丸となって「顧客の笑顔を創り出すための活動である」と言ってもよいのです。顧客に不満顔を生じさせない活動こそがマーケティングなのです。まさにマー

ケティング活動とは，本来的に人間の社会的行為として非常に道徳性や倫理性の高さを重んじた行為なのだと言うことができます。

6. 消費の目的としての未来志向と消費価値の2つの側面

　今日のような経済社会においては，わたしたちは一般に"消費者"と呼ばれるところの人間なのです。もちろん同時に大部分の大人は生産者でもあります。なぜなら，何らかの形ある物づくりやその販売といった有形財に関わる仕事であれ，何らかのサービスを行うといった無形財に関わる仕事であれ，そうした何らかの生産行為に直接的もしくは間接的に携わることによって，すなわち自ら社会的な労働を行い，その対価としての貨幣を得て，自らに必要な「財」やあるいは子どもや年老いた老人といった社会的労働の不可能な家族に必要な「財」を購買し，消費して生きているからです。

　まさに仕事をしている「大人」はコインの裏表のように，消費者であると同時に生産者でもあるのです。それは"消費行為"と"生産行為"という本質的な仕組みの相違性を前提にしながら，消費生活を営む「個人」としても，また生産生活を営む「社会人」としても，1人の人間がそれぞれの仕組みの中で生み出す価値の違いの中にこそ，"個人としての利益"と同時に"社会人としての利益"が生み出される，という「相互利益創出」の本質性が存在しているのです。

　このことをもう少しわかりやすく説明してみましょう。わたしたち個人は一生遊んで暮らせるような資産を親から受け継いだり，所有している土地建物などを売り払ったりでもしない限りは，何らかの労働をしなければ暮らしてゆくことができません。そうした恵まれた？環境にない圧倒的多数の人々は，その労働を通じて得た所得を，常に現時点から先の未来に向けて生きて行くのに必要な，様々な目的達成のために費やしていかなければならないのです。しかもその所得は一般的には"限りある所得"ですので，「家計」として破産しないように経済的な「会計学的バランス・シート（貸借対照表）」を有しながら，できるだけ効率的・効果的に，どのように消費に費やすべきかを考えているのです。その意味ではわたしたち個人も企業と同じように，未来の消費生活の創造

に向けた「戦略的存在」なのだと言ってもよいでしょう。

　要するに，わたしたちの消費行為は，常に未来に向けた何らかの目的，すなわち「消費目的」をどのように達成していくかという生活上の「戦略的行為」なのだ，ということです。それは具体的には自身の未来に向けた夢，希望，期待といった「願望」をいかに実現していくかということであり，そのために必要な利用手段としての「財」を常に探し求めているのです。この「消費目的」に適うと思われる「財」にこそ，わたしたちはその利用価値，すなわち消費価値を認め，対価を払ってでもそれを「手に入れたい！」，「欲しい！」という，いわゆる「消費価値の購買」に向けた何らかの特定の財に対する具体的な「欲望」を生じさせることになるのです。もちろんここで言う「消費目的」とは，より一般的な言葉である「購買目的」と同じと捉えてかまいません。

　そういえばよく企業のアンケート調査などで「なぜその商品をお買いになったのですか」と聞かれることがありますが，たいていの場合，わたしたち消費者は「値段が安かったから」とか「広告に惹かれて」とか「デザインが気に入ったから」と応えます。しかしそれは単に購買の"きっかけ"を語っているだけで，たとえば「子どもの健康に繋がるかもしれないから」とか「愛する彼の笑顔が見たくて」とか，あるいは「お前，これ美味しいよ！」という夫の賞賛の言葉を期待して，といったようなその購買行為の背後にある真の購買目的もしくは消費目的を明かしているわけではないことに注意しなければなりません。そうしたアンケートに対して，わたしたちは真の購買目的を話したくない場合も往々にしてあるのです。したがって，単純に調査結果を信じて，さらに価格を安くしたからといってよけいに売れることが意外と少ないという事実は，多くの企業人の方々も経験しているのではないでしょうか。

　このように，わたしたちは常に未来の生活目的達成に向けて必要不可欠となる「消費価値」が認められるような「財」の探索や吟味，そして評価を行っているのです。ところで，この「消費価値」には2つの側面があります。1つは，日々の生活をより健康に，快適に，そしてより豊かにしていくために必要な「生活上の価値」であり，もう1つは他者との社会的関係をよりよく結ぶために必要な「人間関係上の価値」です。この2つの価値は，さらに言葉を変えれば，日々の生活や人間関係において現時点以後の将来に向けた様々な「不安」の解

消に繋がるような価値のことであると言ってもよいでしょう。そしてこの「不安」の「不」を取り除くための購買活動の先にこそ，未来の「安心」を求めるための「消費価値」の本質が存在しているのです。

　たとえば，お昼にそれほどお腹が空いていなくても，夜の食事までの時間間隔のことを考えれば，午後の中途半端な時間にお腹が空いて仕事の支障になるかもしれないという不安の払拭のためにも，きちんと昼食をとっておいた方が「安心」ですし，また高額な受験料や授業料を支払ってでも高等教育サービス提供機関である「大学」というサービス財の購買を欲するのも，将来の就職活動の際の「安心」を得るためなのだと言っても過言ではないかもしれません。だからでしょうか。世界の中でも "日本の大学生ほど勉強しない学生はいない" と言われるのは。真の目的が大学での高度な専門知識の消費にあるのではなく，単にその卒業証書が欲しいだけで，しかも就職先の企業がそうした大学での専門知識の習得状態をまったく気にしないとするならば，できるだけ偏差値の高い大学に入ることを皆が狙い，小さいときから塾通いをするのも十分納得のいくことであるかもしれません。

7. 使用価値は売り手が創造し，消費価値は買い手が創造する

　ところで，この消費価値を提供しなければならない社会的な役目を担っているのが「企業」に他なりません。それは製品やサービスといった消費者にとって何らかの価値ある有形無形の「財」を生み出すために必要な様々な仕事を「職業」として提供している「私的組織体」なのです。たとえば原料や部品の生産・製造，加工，組立て，運搬，仕入れ・販売といった仕事やそこに従事する人々にとって不可欠な食物の生産やそれを使用した "食事の提供" といった仕事，あるいはそれらの人々の余暇時間の楽しみを提供する様々な遊びや娯楽に関わる仕事，さらにはそうした人々が必要とする移動のための交通機関やそれら社会自体の安全を守るような仕事等々，とにかくありとあらゆるそうした仕事を職業として提供しているのが，要するに「企業」なのです。

　役所や警察，消防署などといった税金などの公共的な資金で営まれているような「公的組織体」とは異なり，これら農林水産鉱工業や土木建設業，交通運

輸業，情報産業，商業等々といった様々な領域において何らかの業務に携わる「企業」は，その仕事によって社会に向けて創造された「提供財」そのものがなにがしかの「消費価値」を有し得る限りにおいて，社会的な存在が許され，そこから生み出された「利益」によって営まれているのです。もちろん，農家や職人業といった個人事業主であっても，その産出物が消費価値を持たない限り，自らの生計を立てることはできませんので，その本質は企業形態をとっていなくても同じことです。

　このことは当然ながら，この「企業」という組織体が，自らの生産物を購入してくれる消費者の存在している「市場」に向けて，そこでの「消費価値」に繋がるような何らかの「使用価値」を有する「提供財」を生産しなければならないことを意味します。もちろん，この世で生産されるありとあらゆる「財」は必ず何らかの使用価値を前提として産出されていますが，どれだけ有能な技術を駆使して使用価値を創り出しても，それに対する需要が存在しないのであれば，すなわち「消費価値」が認められないのであれば，消費財としてのカメラ用の感光フィルムがそうであったように，この世から消滅せざるを得ないのです。したがって，何よりも企業は「消費価値」に繋がるような「使用価値」をいかに創造するかを考えなければならないのです。要するに，本章1.の取引関係とは，まさに売り手と買い手の間での"使用価値と消費価値のやり取り"そのもののことなのです。

　この2つの価値の違いを理解するための事例を紹介しておきましょう。たとえば，「歯ブラシ」は企業で生産される時点で，"歯を磨くための道具"として，そのための使用価値を内在した商品として販売されています。もちろん，小売店でその歯ブラシを購入した消費者は"歯を磨き，歯茎を強くする"という消費価値を認めたのでしょう。またたくさんある歯ブラシの中から特定のメーカーの商品を選んだのは，"歯茎を強くする歯ブラシ"とパッケージに記載されていたからかもしれません。あるいは別の理由かもしれません。たとえばその歯ブラシのテレビCMの映像で，"歯の健康な人は魅力的"とか素敵な異性から"きれいな歯だね"と褒められているシーンを見て，自分もそうなりたいという欲望が生じたために，そのCMで流されていたメーカーの歯ブラシを購入したのかもしれません。そうであれば，その歯ブラシの「真の消費価値」は，

単に歯を磨くという目的よりも，他者から褒められたいという目的を叶える道具として利用されたと考えられます。いずれにせよ，この場合は"歯を磨く道具"としての「使用価値」がそのまま「消費価値」として利用されています。

　しかし，その歯ブラシ自体が劣化してきたために，一度は捨てようと思っていた消費者が，靴を磨くための道具として使えることに気が付き，靴磨き用のブラシとして使用しているとすれば，それは消費者自らが発見した歯ブラシの「消費価値」だということになります。このように，歯ブラシの歯を磨くという「使用価値」を創り出すのは製造企業側ですが，それをいかなる目的を持って使用するかという「消費価値」自体は，その使用価値をそのまま利用するにせよ，他の目的に利用するにせよ，常に買い手の側である消費者自身が創り出しているのです。

8. 願望探索の重要性とマーケティングの役割

　このように，「使用価値」と「消費価値」の関係を捉えると，売り手である企業は，まず買い手である消費者が創造する「消費価値」とは何かについて知ることができなければ，市場での需要を生み出すことは不可能ということになります。再度述べれば，これは，消費者の側の「消費価値」に繋がるような「使用価値」の創造に成功しなければ，購買行為が行われないからです。したがって，企業がまず検討しなければならないことは，先に「消費価値」として説明された，「生活上の価値」と「人間関係上の価値」について探索することで，消費者が抱く，"日々の生活をどのように，より健康に，快適に，豊かにしていきたいのか"，あるいは，"他者との社会的関係をどのように結びたいのか"，といった情報を獲得することだと言えます。

　言い換えると，日々の生活や人間関係において現時点以後の将来に向けた生活上の戦略や願望とは何か，すなわち，消費者が未来に向けていかなる生活戦略を構築し，その戦略に基づく消費目的をどのように達成しようとしているのか，といった情報について不断の探索が必要となるのです。消費者が有するこのような「願望」そのものに，接近し，探索し，分析し，そこから何が求められているのかを察知することではじめて，その願望達成に適うような使用価値

を込めた提供財を創造することが可能となるのです。そして，それが消費目的を満たし得る価値のある有効な手段としての財であることを市場に向けてプロモーション活動として表現（情報提示）することで，消費者は自らの生活戦略上の消費目的に適う，すなわち消費者の願望を実現するのに適格な手段として，その提供財を認知・理解することになるのです。

　企業が社会的に生存していくために必要不可欠なこうした活動自体とそのための考え方こそが「マーケティング」と呼ばれる概念なのです。すなわちマーケティングを具体的に定義すれば，『企業が自らの提供財に対する「使用価値」の創造とその「販売」を行うことで，人々の日常の消費活動において求められるところの「消費目的」に適うような「消費価値」を，その提供財を通じて創り出し，それによって消費者個々人の「生活戦略」達成のための「支援」を行う活動』のことを言うのです。

　したがってそれは言葉を変えれば，マーケティングとは『企業の創り出す使用価値を消費者の求める消費価値に変換するための"装置"である』と言ってよいかもしれません。さらに言葉を費やせば，マーケティングとは『企業側の経済活動と消費者側の消費活動の間に横たわる価値体系の"差異"を埋める行為』であり，先にも述べた一個人としての「消費者」と「企業人」との間の利益的関係と同様に，まさにその"差異"にこそ，企業側がその提供財から得る利益と消費者側がその財の消費から得る「相互利益創出」の本質が存在しているのです。

　ここまでの議論ですでに気づかれているかもしれませんが，企業側の利益というものがこのような理由によって発生するのであれば，そのためのマーケティング活動を遂行するうえで必要不可欠となる最も基本的な視点とは，すべての物事を"消費者の立場に立って考える"ということではないでしょうか。これは米国でその概念がほぼ成立したとされる1930年代（米国内の多くの大学で「マーケティング」という名の科目が設置されるようになった時期）に，すでにマーケティングの基本理念として消費者志向（consumer orientation）とか顧客志向（customer orientation）という言葉で表現されており，今日ではすべてのマーケティングの教科書の冒頭に記載されていることです。企業と消費者の関係について，以上のことを図としてまとめてみたのが図表1-1です。

図表1-1　使用価値と消費価値とマーケティング

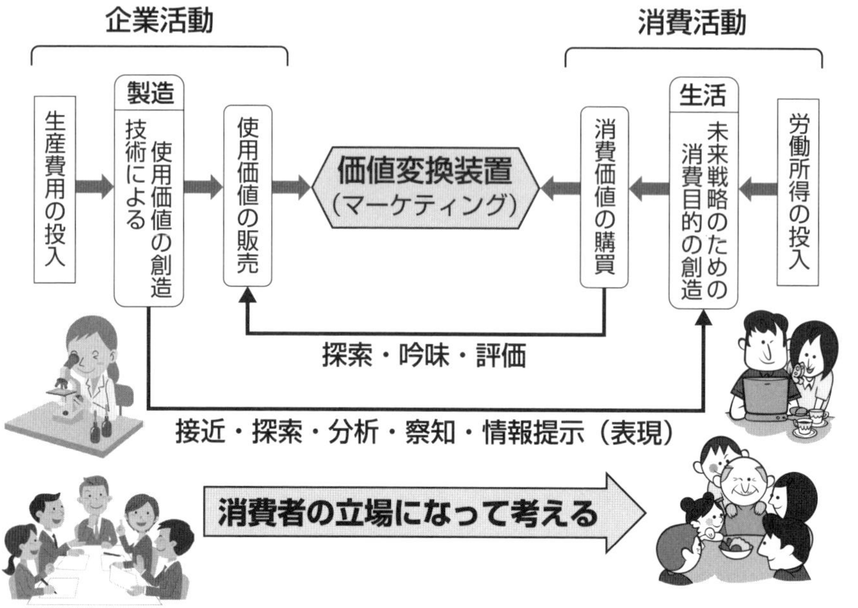

企業活動　　　　　　　　　　　　　　　　　消費活動

| 生産費用の投入 | 製造　技術による使用価値の創造 | 使用価値の販売 | 価値変換装置（マーケティング） | 消費価値の購買 | 生活　未来戦略のための消費目的の創造 | 労働所得の投入 |

探索・吟味・評価

接近・探索・分析・察知・情報提示（表現）

消費者の立場になって考える

出所：大友（2015b）9頁より一部加筆。

　もちろん，わが国でも江戸時代の商人たちは「売り手よし，買い手よし，世間よし」といった言葉で，売り手が利益を得て満足するためには，まずは買い手を満足させねばならず，買い手側の利益第一主義を重視し，それでこそ商人としての存在価値が世間から認められるのだ，という「三方よし」ということを標榜していました。当時の石門心学として著名な石田梅岩などは，商人の心得としてその著書である『都鄙問答』において「顧客への誠実で謙虚で正直な対応を心掛けること」を強調していました。よく一般的に言われる「お客様は神様です」と言うのは，このことの象徴的な言い回しかもしれません。

　米国のような産業資本から発展した経済社会と違って，日本やヨーロッパの経済社会は古くから商業資本を中心に発展してきました。特に日本で17世紀から18世紀ごろに確立された「商人道」という経営理念は，当時からのいわゆる"老舗企業"のビジネスを象徴するものとしてよく知られていますが，20世紀初頭の米国で成立した上述の「マーケティング理念」とまったく同じであると

言ってよいでしょう。百年以上の歴史を有する老舗企業の数は日本が世界で一番多いと言われていますが，これもその企業経営の精神的中核に「商人道」としての教えを据えてきたからかもしれません。そうした企業が時代環境の変化による様々な荒波にも耐えて今日あるのは，何よりも顧客を大切に思い，顧客の側の喜びの創造にこそ自らの事業の社会的使命があることを，信念を持って受け継ぎ貫いてきた結果なのでありましょう。

　もちろんこのことは，すでに本章**4.**で述べた主意主義的経営のまさに本質でもあります。企業という組織体において，このような経営の実現は，単に顧客と接する部門，たとえば営業担当者や小売店頭での販売担当者だけでなく，総務も経理も設計も製造も仕入れも人事も等々，とにかく企業内のすべての部門の従業員一人ひとりが，「自分の仕事は顧客の喜びになにがしかの形で繋がっているのだ」との想いを抱くことができなければ不可能なことかもしれません。

考えてみよう

① 　私たちの日常生活においてもマーケティングの基本理念が重要となることについて考えてみよう。
② 　日本の「商人道」という考え方がいかなる経緯で登場してきたのかについて調べてみよう。

（大友　　純）

1. 「企業の事業目的」の見方を巡る相克

　「企業の事業（business）目的とは何か」ということについて考えたとき，企業の存在に関して，価値認識上の大きな"対決"が見られるように思われます。1つは，"企業の事業目的とは，その規模を拡大・成長させることであり，売上高や利益といったその儲け額を増大させることによって，企業としての安定性を高めていくことである"といった考え方です。もう1つは，"企業の事業目的とは，顧客に支持・評価されるような成果を生み出すことであり，利益はその結果として付いてくるものにすぎないことから，できるだけ永くその企業生命を全うすることである"という考え方です。以下では，前者の価値観を「事業規模拡大志向」と呼び，後者の価値観を「顧客支持永続志向」と呼び，識別していくことにします。

　前者の事業規模拡大志向は，いかにして市場占拠率を高めながら売上を増やしていくか，ということに向けた戦略が重視されることになります。そこでは必然的に，市場の地理的な拡大と個々の買い手の需要頻度の増大が不可欠となります。他方，後者の顧客支持永続志向は，いかなる市場価値を創出すれば個々の買い手からの支持を永く受け続けられるのか，ということに向けた戦略が重視されることになります。そこでは必然的に，買い手側における使用価値や消費価値への評価の継続性と，その買い手から別の買い手へとそこで得た経験がどれだけ伝達されていくのかが，重視されることになります。

　一般的に，社会もその事業主も，企業の事業成果を測る物差を対前年比売上高の割合に置いている場合が多いようです。売上高が対前年比で何パーセント増大したか，あるいは3年，5年，10年といった長さでそれを測る場合もあります。この伸び率が高ければ高いほど，その企業が拡大・成長した証しとして評価される，というわけです。この指標は，特にその企業のトップが株主から

雇われた経営者であれば，株主に対して自分の経営者としての能力の高さを示すためにも必要不可欠なものとなります。もちろん，この対前年比売上高が伸び続けるということは，その企業の提供財が市場規模を拡大しながら売れ続けているということに他なりません。

　マーケティング論や経営学の研究者は，企業の事業目的についてどのように認識してきたのでしょうか。アメリカの著名な経営学者であるドラッカー（P. F. Drucker）は，まず「企業とは何か」，「企業の目的とは何か」ということを明らかにすることからはじめ，企業の目的を達成するための具体的展開となる事業について，その定義を明確にしています。ドラッカー（2001）が捉える企業の目的とは次のようです。「企業の目的は，それぞれの企業の外にある。企業は社会の機関であり，その目的は社会にある。企業の目的の定義は一つしかない。それは，顧客を創造することである」(15頁)。ドラッカーは，さらに次のように続けます。「市場をつくるのは，神や自然や経済的な力ではなく企業である。企業は，すでに欲求が感じられているところへ，その欲求を満足させる手段を提供する。それは，飢餓における食物への欲求のように，生活全体を支配し，人にそのことばかり考えさせるような欲求かもしれない。しかしそれでも，それは有効需要に変えられるまでは潜在的な欲求であるにすぎない。有効需要に変えられて，初めて顧客と市場が誕生する」(15-16頁)。ここで言う有効重要とは，現実の現象として現れる購買行為と捉えて差し支えないでしょう[2]。したがって，ドラッカーの捉える「企業の目的」についてまとめると，有効需要を生み出すように「欲求を満足する手段を提供することで，顧客と市場を創造する」となるでしょうか。

　次に，ドラッカー（2001）が捉える「事業の目的」について見てみましょう。ドラッカーが考える事業の目的は，以下の数ヵ所の記述から読み取ることができます（23頁）。

　　「企業の目的と使命を定義するとき，出発点は一つしかない。顧客である。顧客によって事業は定義される。事業は，社名や定款や設立趣意書によってではなく，顧客が財やサービスを購入することにより満足させようとする欲求によって定義される。顧客を満足させることこそ，企業の使命であ

り目的である。したがって、『われわれの事業は何か』との問いは、企業を外部すなわち顧客と市場の観点から見て、初めて答えることができる。
　顧客にとっての関心は、彼らにとっての価値、欲求、現実である。この事実からしても、『われわれの事業は何か』との問いに答えるには、顧客からスタートしなければならない。すなわち顧客の価値、欲求、期待、現実、状況、行動からスタートしなければならない」。

　これらの記述から明らかなように、ドラッカーという研究者は、常に顧客を起点とし、顧客の観点から事業について検討することの重要性を指摘してきました。したがって、本節の冒頭で述べた企業というものに関する価値認識上の"対決"においては、2つめの見方、すなわち顧客支持永続志向型価値観との親和性が極めて高い、と考えることができます。
　ドラッカーの言う「事業の定義」については有名なので、もしかしたら、ビジネス書やテキスト等で知っている方もおられると思います。この事業を"定義する"という行為は、当該事業が何を取り扱い、何を行うのか、いわば事業対象とその範囲についての輪郭を明確化することなので、一見すると単純で自明のことのように見えます。しかし、ドラッカーの言わんとしている「事業の定義」については、どれほどその本質が理解されているのかと言えば、決して多いとは言えないのではないでしょうか。
　彼の言う「事業の定義」とは、決して事業対象とその範囲を定めるような単純な問題として捉えているわけではありません。ドラッカーは、企業の挫折や失敗は、企業の目的としての事業が十分に検討されていないことが最大の原因だ、と断言します。定義の仕方次第で、事業自体の方向性や価値提供のあり方、さらには事業の永続性をも左右してしまうのが、まさにこの「事業の定義」なのです。したがって、ビジネスの根幹が揺らぎかねないほどの最重要事項であるため、ドラッカーは、事業が成功しているときこそ見直す必要性があることも強調するのです。
　それゆえに、彼が重要視する「事業の定義」では、「われわれの事業は何か」、「顧客は誰か」、「顧客はどこにいるか」、「顧客は何を買うか」ということに留まりません。さらには、「事業の定義」自体は「いつ問われるべき」ものと考

えているのか（苦境時はもちろんのこと，事業が成功しているときこそ問う必要がある），いずれ訪れる事業の陳腐化に対して「われわれの事業は何になる（どうなっていく）」べきものと考えているのか（将来大きな影響を与えそうな環境変化の兆候について，予測・認識できているのか），予測される変化へ適応するために「われわれの事業は何であるべき」と考えているのか（何をこれからの事業にすべきと考えているのか。事業領域の捉え直しによって，どのような事業機会が現れ，どのような事業機会を創造できるのか），いずれ訪れる事業撤退に向けて「われわれの事業のうち何を捨てるべきか」といったことまで視野に入れて検討する必要があるとまで言うのです。

　したがって，ドラッカーが射程とする「事業の定義」とは，包括的かつ長期的なビジョンのもとで，予想されるリスク（外部環境の変化など）およびその回避と対応についても視野に入れながら，常に問い続け，修正し続けなければならない対象である，と認識することができるのです。このように見ると，表面的には，たかが事業対象とその範囲について定めるかのように見える「事業の定義」ではあるものの，その本質とは，自らの生存領域を定めるだけの概念上の識別問題に終始せず，長期的な時間軸に基づいて思考すべきですし，顧客からの永続的支持に関わる問題であることが，理解できるのではないでしょうか。すなわち，この「事業の定義」とは，企業の事業永続的存続問題に関わる，最重要意思決定事項として位置付けられる必要があると言えるのです。したがって，何も新規事業創設時に考慮すべき問題に留まらないことが見えてくるはずです。

　ここで紹介したドラッカーにおける「企業の目的」や「事業の定義」は，1973-1974年にアメリカで出版された*Management: Tasks, Responsibilities, Practices*，日本では『マネジメント』というタイトルで有名な翻訳書で紹介されたものです[3]。試しに，他の研究者による見解を確認するために，マーケティング学者であるレビット（T. Levitt）の捉え方を見てみたいと思います。

　レビット自身は，企業の目的とは何かということに対して，ドラッカーと同様に，本節冒頭で言う「顧客支持志向目的」価値観によっていることがわかります。すなわち，レビット（2002）は「顧客を引きつけ，維持するという企業目的を達成するために，総力を挙げてやらなければならないすべてのことを，

一手に引き受けるのがマーケティングである」（2頁）と述べており，このことから，企業の目的とは“顧客の創造とその維持にある”，と考えていることが読み取れます。このレビットの見解は，1969年に初版が登場した*Marketing for Business Growth*という原題の書籍で，日本では1975年に『発展のマーケティング』というタイトルで出版され，さらには，2002年に『レビットのマーケティング思考法』として，改題改訳のうえ再出版された翻訳書からの引用です。

　このように，マーケティング論や経営学を代表する研究者の考え方を紐解いてみると，いったい事業規模拡大志向型価値観というのは，1970年代後半以降いつごろからそのような価値観が生まれてきたのか，という疑問が頭をもたげてくることになります。そこで，その手掛かりについて探るに当たり，注目してみたいのは，レビットが述べた次の言説です（レビット，2002，230頁）。

　　「利益は，企業の目的を的確に表現するものではないし，そこから行動が生み出されるわけでもない。利益は企業活動の成果，すなわち所産にすぎない。企業の目的は出資者のために利益を生み出すことだと言ったところで，それを実現する方法については何の処方箋も出てこない。利益は企業活動の指針にはなりえないのである」（傍点筆者）。
　　「利益は，企業の目標にはなりえない。厳密に言えば，利益を企業活動の成果として扱うこともできない。食物が人間生活の必需品であるように，利益は企業が存続するための必需品なのである。それなくしては企業の生命を維持できない食物である。したがって，利益が企業の目標だと言うのは，人生の目標は食べることだと言うのと同じくらい愚かなことだ」（傍点筆者）。

　レビットによるこの指摘は，いみじくも，企業の目的自体を，利益至上主義とでも言うべき姿勢に求めてしまうことの無意味さを指摘していると言えるのかもしれません。ドラッカーやレビットという研究者が，当時の学術界やビジネス界に与えていた影響力の大きさからすると，1970年代の半ばごろまでにおいては，企業や事業目的に関する共通認識とは，本節冒頭で言うところの顧客

支持永続志向型価値観が主流であった，と認識して差し支えないと言えるでしょう。むしろ，その事業規模拡大志向型価値観を真っ向から否定している，と言っても過言ではないのです。そうであるとすれば，いったい，この事業規模拡大志向型価値観は，いつごろからマーケティングの世界に入り込むようになったのでしょうか。次節では，マーケティング論が時代の流れの中で何に関心を持ち理論進化を遂げてきたのか，ということに目を向けてみたいと思います。

2. マーケティング論における事業規模拡大志向導入の経緯

　マーケティング論において事業規模拡大志向がもたらされたきっかけは，競争戦略論の登場とその影響にあると言えます。マーケティング論と経営学との関係というのは，クルマにおける両輪のような存在として互いに位置付けられ，大まかに言えば，経営学が企業の“中”のこと，すなわち企業の内部のことについて担い，マーケティングが企業の“外”のこと，すなわち消費者（あるいは産業需要家）が存在する市場の問題について担うことで，お互いに影響を与えながら関係的発展を遂げてきました（図表2-1参照）。

図表2-1　経営学とマーケティングの関係性

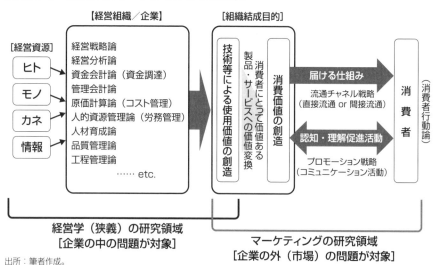

出所：筆者作成。

　井上（2018；2001）によると，1970年代では，企業を取り巻く環境変化のスピードが加速化し，過去の延長線上では将来を予測できない，複雑な環境の変化が顕著なものとなったと説明します（12-13頁；18-25頁）。この時期，インフレーションの進行，エネルギー・コストの高騰，資本コストの増大等による環境変化を背景に，「不確実性」，「断絶」といった用語が頻繁に用いられるようになりました。このような環境に適応すべく，1960年代に中心的であった「長期計画論（long range planning）」に代わり，「戦略計画（strategic planning）」が1970年代の中心的なテーマとして頭角を現すようになっていったのです。

　井上（2001）は，企業におけるマーケティングの影響度という観点において，マーケティングは1960年代に隆盛を極めていたと説明します（19-20頁）。そこで，デイ（G. S. Day）とウェンスレー（R. Wensley）という研究者らが，1960年代はマーケティングの「黄金時代」と表現していたことを紹介し，さらに，「1960年代は，マーケティングが最も影響力をもち，有望視されていた時代」であり，「企業が成長する市場のなかで利益を上げながら発展していくための基本的要素として，マーケティング志向が受け入れられていった時代であった」（Day and Wensley, 1983, p.1）と紹介しています。

　しかし，1970年代においては，マーケティングが先に挙げたような環境変化に対応できずにいたこと，さらには企業の組織構造として，多角化よる「コングロマリット化」が進展したことで経営が分散的になっていたことから，マーケティングに対する限界を感じ，マーケティングはその地位を衰退させていくことになったのです。井上は，バゼル（R. D. Buzzell）という研究者が，1970年代はマーケティングにとって「失望と幻滅の10年」と述べたこと（Buzzell, 1982, p.64），そして，デイとウェンスレーが，「この時期，企業におけるマーケティングの影響力は顕著に弱まり，代わりに戦略計画が日の出の勢いで台頭していった」（Day and Wensley, 1983, p.2）と述べていることを紹介し，さらに，ウェルチ（J. F. Welch, Jr.）という研究者が，「マーケティングにおける長期的視覚の欠如と，一方でより確かなものを求める姿が戦略計画をもたらした」（Welch, 1985, p.563）と紹介するのです。

　ここで言う「戦略計画」とは，製品と市場との関係について長期的視点で捉えた企業成長のガイドラインを策定し，それに基づいて行動する，という特徴

を有するものです。したがって，戦略事業単位（Strategic Business Unit：SBU）を基にした分析や計画の強化と，ポートフォリオ・ロジックの導入よる資源配分の適正化を計ることが要求され，結果として，PPM（Product Portfolio Management）やPIMS（Profit Impact of Market Strategy）といった分析ツールが登場するようになったのも，この時代でした。

　そのような時代を経て1980年代に入ると，アメリカではさらに困難な経営環境が出現し，さらに競争の激化が進展していくことになりました。この時代は，アメリカにおいて経営環境にかつてない大きな変化があった時代でした。すなわち，アメリカ市場において，日本をはじめとする外国企業の進出が防御できなくなったことから競争圧力が高まり，競争優位の確保はますます困難となっていったのです。そして，競争激化の引き金とも言うべき"日本企業"に対する風当たりは強くなり，また同時に，日本的経営への関心とその習得に向けての動きを加速させていくことになりました。この時期，*Japan as Number One*をはじめ，日本的経営の解明を目指した書籍がアメリカで多く出版され，後に，逆に日本ではそれらの翻訳書が登場することになりました。このような時代において，競争環境への対応策として登場し歓迎されたのが，1970年代の「戦略計画」を発展させた「戦略経営」であり，持続可能な競争優位性を築くことをテーマにして，新たな事業機会の探索を要求するものだったのです。このころ，ポーター（M.E. Porter）を中心とした「戦略論」が，多くの経営学者に対して影響を与えることになりました。

　経営学がこのような状況にある中，一方でマーケティングにおいては，伝統的なマーケティングの限界を克服し，戦略計画や戦略経営で培っていた戦略思考・戦略理論フレームワークを摂取する中で，「戦略マーケティング（strategic marketing）」を登場させる，というリニューアルが図られることになりました。経営学の理論進化に影響を受けて登場したこの「戦略マーケティング」において強調されたことの1つが，戦略経営の視点を引き継いだ「競争志向」だったのです。マーケティングが，「戦略マーケティング」として競争志向を取り込んだことによって，マーケティングでは市場の認識について大きな変化が生まれました。すなわち，「市場とは，買い手である消費者が存在する領域である」と認識することが通念であったマーケティングにおいて，「市場とは消費者だ

けでなく，同時に競合他社も存在する場である」と認識を改めるようになった
のです。したがって，市場における消費者への価値創出に関することを主な対
象とするマーケティングにおいて，生存競争を前提とした"持続可能な競争優
位の構築"という大きな支柱が新たに追加されることになったのです。

　競争志向の根幹にあるのは，自社が競合他社との関係において優位に立つこ
とで生存を図るという思想に他なりません。したがって，潜在的な需要開拓の
可能性が見込みがたい時代において，自社が死守したい好調市場はどれか，競
合他社より優位に立ち市場シェアを奪うことができそうな市場はどこか，ある
いは新たに事業を立ち上げることで成功できる市場領域はどこに存在するのか，
ということについて検討することは，自社の生存領域を確保していくことを目
指す競争志向にとって，極めて重要な戦略的検討事項となるのです。1980年代
のアメリカ市場における競争圧力の高さからすると，このような生存問題を前
提としたマーケティング展開は，ことさら強調されたことが推察されます。

　よく考えてみると，今や企業やコンサルタント会社が利活用している，ポー
トフォリオ分析（PPM：市場成長率―市場シェア・マトリックス），PIMS，経験
効果曲線／経験曲線，SWOT分析等は，この時代の戦略計画や戦略経営で培
っていった戦略理論フレームワークによる分析ツールです。井上（2018）は，
これらの分析ツールのベースにある考え方は，「他社と自社の関係，あるいは
自社の業界内での位置付け，さらには自社のどの製品が強いのかあるいは弱い
のかなど，必ず企業外部の業界およびライバル企業との関係を見据えながら自
分の体力を測定する」と特徴づけています（14頁）。したがって，戦略マーケ
ティングは，自社が優位に立つための環境分析の一環として，競合他社との相
対的比較分析をし，少しでも優位に競争展開できる市場領域を見定めることか
らはじまるのです。

　嶋口（1984）は，「競争市場戦略」を戦略（的）マーケティングの構図の1つ
のサブ領域と位置付けています。ここで言う「競争市場戦略」とは，「企業が
競争市場内において全体的な姿勢（overall posture）を明確にし，最大のリタ
ーンを目指して競争優位な地位に経営資源を差別有利に投入・展開することを
課題とする」と説明しています。さらに，「競争市場戦略」の中核概念は「戦
略ドメイン」にあるとし，それは「経営資源の投下に際して，競争市場内のど

こに，どのように自社の生存基盤を築くか」を問題にし，換言すると，「企業が長期的に自社の存立を委ね，経営資源を効率的に投入していく市場内生存領域を指す」と定義するのです（225-226頁）。

　以上までの考察を基にすると，マーケティングの世界において，どのように競争概念が入り込むようになったのか，ということの答えが導出されたことになるでしょう。まとめると，それは，マーケティングが「戦略マーケティング」として生まれ変わった1980年代以降において，当時の時代背景として歓迎された思想が「競争志向」であったということです。再度述べるとすれば，競争志向とは，生存競争を前提とした"持続可能な競争優位の構築"に焦点を当てるという特徴がありました。このように見てくると，本章1.に登場した事業規模拡大志向型価値観というのは，自社の生存領域確保を巡るビジネス活動の姿として捉えることができそうです。その理由は，事業規模拡大志向型価値観が内包する市場範囲拡張論理というのも，結局は，自社の生存領域の確保が見込める市場探索として，少しでもより安定的な市場領域を求め続けた結果であると捉えることができるからです。

　本章8.においては，現在のマーケティング理論において，このような競争志向に対抗する新たなマーケティング観が誕生してきたことが紹介されます。その前に，まず次節では，現実のビジネス世界において事業規模拡大志向目的が払拭できない理由について，今日までの日本が経験してきた時代を振り返ることでアプローチをしていきたいと思います。ここでは，事業規模拡大志向目的が，時代の申し子のような存在として歓迎されたことについて理解されるかと思います。また，折に触れて，そのような事業規模拡大志向目的が，今日的な市場状況において限界を迎えていることが明らかにされていきます。

3. 企業の売上増加を可能にした経済状況と市場対応

(1) 国内総需要増大期における市場特質―バブル景気までの需要増加の必然性

　1960年代～1970年代にかけての高度経済成長期においては，その財を扱っている産業界全体の需要が伸びているために，当該企業の提供財も売上高や販売数量の規模を伸ばすことができたと説明することができます。日本では，全国

的な規模で多くの産業界に見られた現象でした。自動車産業，家電産業，住宅産業，ファッション衣料産業，食品関連産業，あるいはそれらの業界に原材料や部品を供給する産業財企業や，石油，鉄鋼，窯業，建設，繊維といった基幹的産業，さらには銀行や証券業界，そして百貨店などの小売業界等々，とにかく国内のあらゆる産業界の企業の売上高が伸び，それにともなって，そこで働く人々の給与も毎年のように伸び続けたのです。しかも，その提供財の多くは，従来の製品の効用（utility）とは比べ物にならないほどに便利で，また同じものを大量に生産すればするほど製品1単位当たりの費用が低下するという「規模の経済性（economies of scale）」原理に基づく大量生産システムの確立によって，誰もが買える価格で供給されたために，一気にその需要を全国的規模で満たしていったのです。

　したがって，まさに"造れば造っただけ売れた"という，多くの企業が儲かった時代だったと言うことができるのです。それは，第2次世界大戦後の貧しい時代の憧れであったアメリカ的な"文化的生活"への夢が叶い，今日の"豊かな時代"と呼ばれる礎が築かれた時代でもあったのです。要するに，そのような好況経済的状況が急速に実現したということは，それら業界で産出された財に対する全国規模での膨大な需要そのものが満たされていく過程で，それが画期的な効用を有していた分だけ，それらの財の基本機能さえ十分であれば，デザインや使い勝手などの細かな差異がさほど気にされずに，どのような企業の提供財でも売れた時代だったのです。すなわち"ブランド間格差"がほとんどなかった時代，あるいは問われなかった時代だったと言うことができるでしょう。

　それは，アメリカにおいて1920年代に訪れた，いわゆる"大衆消費社会"というものが，40年も遅れてやっとこの日本にも訪れたということなのです。余談ですが，40年も前に大量生産の仕組みが確立し，しかも，豊富な生産資源を背景に膨大な産業力を有していたアメリカと日本は戦争をしたのですから，これを"無謀な戦い"と言わずに何と表現すればよいのでしょうか（大友，2015d，28-29頁）。

　しかし，1970年代後半から1980年代に入ると，現代生活に必要なたいていの財が，どの家庭でも満たされるようになってしまいました。そのように大方の

需要が満杯になると，それぞれの業界内では，急速に企業間格差が生じることになりました。すなわち，消費者における必需品購買のほとんどは買替え需要となり，商品知識も増えた消費者にとっては，どんなブランドの製品でもよい，というわけにはいかなくなったのです。しかも，買替えは一斉に生じるわけではなく，それぞれの消費者の意向や家庭の状況にも左右されるようになりました。たとえば，製品を永く大切に扱う消費者もいれば，少しでも早く新しい製品に切り替えたいという消費者もいるのです。

　また，見かけだけのマイナー・チェンジであるにもかかわらず，“新製品”と銘打って誇大な広告を行う企業もありました。要するに，従来の製品と比べたときの効用の違いがほとんどないような，いわゆる「増分効用」(4)の小さい製品が数多く出回るようになったのです。結局，80年代末のバブル景気が崩壊して90年代に入ると，今日にまで続く長い需要の停滞期がはじまったのです。

(2) 国内総需要停滞期における市場特質—バブル景気崩壊後の市場戦略の論理

　需要の停滞期がはじまった1990年代において，企業の提供財を売り続けるためのもう1つの視点が生み出されることになりました。すなわち，需要が停滞する中で企業が売上高や販売数量の規模を拡大・成長させ続けるためには，たとえば，① より一層の低価格販売を仕掛けて他社の市場を奪うこと，あるいは，② より容易な方策として，他県へ全国へというように地理的市場範囲を拡大すること，さらには，③ 日本全国で足りなければ，海外市場へとその財の販売市場を拡げていく，といった考え方です。

　自動車業界では，国内での需要の伸びが鈍りはじめた1970年代半ばから急速にアメリカ市場に進出し，日本人の丁寧な物づくり精神による技術の優秀さと，しかも当時のドルに比べて円が安かったこともあり低価格での販売ができたことから，瞬く間にそのシェアを伸ばしていくことになりました。また，1980年代に入ると，海外現地での生産なども開始して，あれよあれよと言う間に，自動車王国アメリカの代表的ブランドであった「フォード」や「GM（ゼネラル・モーターズ）」のシェアを奪っていったのです。自動二輪車の業界でも，「ヤマハ」や「ホンダ」などが品質の高さと低価格で，アメリカや東南アジアの市場を席巻していきました。家電業界なども欧米だけでなく，1990年代に入ると，自動

二輪車業界に負けじと，中国や東南アジアの市場へもその販路を拡大していきました。また，食品業界や衣料品業界，あるいは家電業界などの製造業者の中には，労働力の安い海外での生産を積極的に推し進めながら，日本国内に逆輸入して，非常に安価な製品を供給するようになったのです。

　さらに，小売業界では，製造業者の大量生産システムによって供給される膨大な量の消費財を，大規模量販店やコンビニエンス・ストア・チェーンが日本の津々浦々まで出店することによって，それらを大量に消化していきました。そのようにして，それまで地方の小売業者によって満たされていた市場を，大規模量販店やコンビニエンス・ストア・チェーンが次々と奪っていくことになったのです。

　このように，1つの産業界の中でも，激しい同業者間競争に勝ち抜きながら，自社の提供財の売上高を拡大・成長させることのできた企業とそうでない企業との間での企業間格差が，より一層広がる時代へとなっていったのが，1990年代以降続く国内総需要停滞期の市場特質であるとまとめることができるのです。

4.　企業の永続的売上高拡大の限界性

　しかし，単純に考えても，この地理的市場の拡大戦略というのは，その拡大した地域での需要も，時間が経てば必然的に飽和することになるのですから，当然売上高や販売数量の伸びも鈍化せざるを得ず，結局は限界が生じる，と考えることができるでしょう。それでも，それらを増やし続けなければならないのであれば，さらなる新たな市場地域を求めて拡大していくしかありません。そして，そのためにはもちろん，生産・販売の供給量を増やすために必要となる総費用も増大することになるので，それを賄うために，より一層の売上高拡大を求めざるを得なくなるのです[5]。

　ところが，そのようにして世界中の国々を席巻したところで，結局地球の外の宇宙にまでは販売を拡げていくことは不可能であるため，いつかは限界が来ることになるでしょう。また，1つの地域内だけに留まりながら売上高の拡大を図る場合でも，結局はその地域内の同業者の市場シェアを奪い続けるしかなく，最終的には，その地域の中での寡占状態や独占状態を創り出す他なくなる

のです。しかし，だからといって，シェア拡大に向けた低価格戦略によって販売数量だけを伸ばしたとしても，その分売上高や利益額が減ったのでは意味がありません。結果的に，その段階で売上高は停滞することになりますし，コスト圧縮による利益の拡大も限界がある（企業維持に必要なコストをゼロにすることはできない）ことから，その地域を飛び出して他の地域市場へと対象市場を設定し直し続けることでのみ，売上高や販売数量の拡大を図らざるを得なくなるのです。もちろん，そのようにして事業規模が拡大すればするほど，業務管理費用もそれにともなって増えることは当たり前ですから，それを補填するためにも，さらなる売上の拡大が必須となるのです。その繰り返しの中で，いつかは息切れが生じたとしても無理からぬところと言えるでしょう[6]。

　ここに至り，企業が売上高を増大し続けるためには，特に衣食住に関する基本的な需要が満たされたいわゆる"豊かな社会"においては，他社の市場を奪いながら，地理的にも永久に販売市場の拡大を求め続けることしかないのです。しかも，売上高拡大志向を採る企業に，どれだけの売上高や利益を得れば満足できるのか，すなわち「最終目標額はいくらですか」という質問をしたところで，それはナンセンスというものでしょう。

　そうです。拡大・成長戦略というものは，本来的に満足の上限もなく，まったく無目的に，永久に，その売上額の増大を求め続けなければならない宿命を備えているのです。まさに貨幣獲得への欲望に限界がなく，貨幣を増やすこと自体が目的化されてしまう世界なのです。ところが，このように売上高拡大志向に基づく拡大・成長戦略を採る企業というのは，残念なことに，永遠に売上高増大欲が満たされ続けるわけではなく，いつかは必ず破綻の日を迎えることになるのは，歴史の教えるところでもあります。

5. 需要飽和状態下における企業対応の論理とその限界性

(1) 市場再生化による需要飽和状態の打開とその限界

　とはいうものの，前節までの論理は，同一の効用を有する財を多くの企業が売り続けた場合のことであり，いつかはその需要が飽和してしまうのは，当然の帰結だったのかもしれません。しかし，もしも**第4章**で述べられるように，

画期的な技術革新で，従来にはない増分効用の高い，しかも大部分の消費者に
とって必要性の程度も高い，というような製品を市場に提供した場合について
はどうでしょうか。それも何と，人々がまだ使用可能であるにもかかわらず，
従来の製品を捨て去り，その新製品を購買し，使用してくれるというのです。
最近の例で言えば，今では「ガラケー（ガラパゴス携帯）」と呼ばれている従来
型の携帯電話（フィーチャー・フォン）から，スマートフォンに大部分の消費
者が切り替えたようにです。そうであれば，市場はまたゼロから増やしていく
ことができるのです。そして，これを定期的に繰り返すのであれば，永久にそ
の売上高や販売数量を増やし続けることができるのではないでしょうか。すな
わち，技術革新によって“定期的に市場の再生化を図る”という手法です。

　このように，同一市場であっても，そこに参入しているすべての企業の顧客
たちが市場の再生化に協力してくれ，従来の製品を捨て去り，新たな製品を購
入してくれるのであれば，すべての企業が，それぞれ確保している市場シェア
に応じて，売上高を継続的に伸ばしていくことができるでしょう。しかし，こ
のような状況は，現実的に考えて可能なことなのでしょうか。たとえば，企業
の側から考えてみれば，新技術の開発のためには膨大な投資や時間もかかりま
すし，すべての企業がその画期的な新技術を同時に開発すること自体，非現実
的なことです。しかし，だからといって，それほど画期的な効用の増分がない
にもかかわらず，それを“新製品”と謳って世に出せば，「計画的陳腐化」を
図っているとして，すなわち“まだ使える製品を捨て去ることを促して無駄を
創り出す企業”として，社会的な非難を浴びることにもなるでしょう。今日で
は，企業の社会的責任問題や環境負荷問題の観点からしても，そのようなマー
ケティング戦略は許されないでしょう。これは，「ソーシャル・マーケティング」
の枠組みの1つとして，1960年代後半から盛んに議論されていくことにもなり
ました[7]。

　また，新製品の登場という状況を消費者の側から考えてみれば，スマートフ
ォンのようによほどの画期的な新製品の登場でもなければ，そうやすやすと，
今使用している製品を捨て去ってくれるわけではないでしょう。100円，200円
の低価格品であればまだしも，それなりの値段のものであれば，その新製品を
購入するための個々の経済的条件はバラバラでしょうし，従来品への愛着もそ

れぞれにあるでしょう。さらには，その新製品そのものを，無駄な購買対象であると見るかそうでないかも人によって異なるでしょう。このことは，ちょっとした事例を考えてみてもわかります。

　たとえば，Microsoft社が，「Windows 8」や「Windows 10」と新バージョンを次々に登場させたからといって，それが従来品と比べて，**第４章３.** で詳細に述べられるような「増分効用」が小さいのであれば，すべての消費者が従来品の「Windows 7」から「Windows 8」へ，さらには「Windows 10」へと切り替えるわけではないと言えます。液晶テレビが2000年に登場し，2003年には地上波放送までデジタルに切り替わった時も，強制的にアナログ放送が打ち切られる2011年まで，多くの人々がブラウン管型テレビを捨て去りませんでした。近年そのデジタル・テレビ市場において，画像がより鮮明だとして，4Kテレビが新製品として市場導入され，さらには8Kテレビも市場導入されはじめましたが，ほとんど需要が伸びていないことも周知の事実です。

　要するに，上に述べたような“市場の再生化”によってその業界のすべての企業の売上高や販売数量が永久に拡大し続けるなどという考え方は，まったくの“机上の空論”と言ってよいのです。市場というのは，予定調和のようにはうまくいかず，企業側における“売り手間格差”や，消費する側における“買い手間格差”が存在しており，不完全競争の様相を呈していることの方が自然なのです[8]。

(2) 後発企業が採る需要飽和の打開策とその限界

　それでは，現実に迫って考えてみましょう。たとえば，画期的な技術革新によって，しかも多くの人々にとって必要性の高い製品を，ある企業が先発的に開発したとしましょう。すると当然，その先発企業への需要が集中することになります。何しろ，その新製品の与えてくれる便利さは，従来品に比べて圧倒的であり，しかも日常の生活になくてはならない製品なのですから。まして，この企業がその画期的な技術に関する特許を申請しているのであれば，なおさらのこと他の企業は大変です。それら他の企業は，その先発企業の後塵を拝する形で別の技術的な方法を開発し，同じ効用価値を有する製品を上市することで，後発企業として追いかけなければならなくなるのです。自らの市場がこの

先発企業にどんどん奪われて売上が日々減っていくのを，指を咥えて見ている
わけにはいかないのですから。

　このことは，逆に，その時点までは弱小の企業であっても，そのような技術
革新によって，先発企業として従来のシェア順位をひっくり返すことも可能な
ことを意味します。たとえばそれは，「Windows 95」を開発したMicrosoftや
高性能の「演算処理チップ」を開発したIntel，あるいは「iPhone」のAppleと
いった企業に典型的に見られる事実でありますし，日本企業でも，ソニーやホ
ンダなどのように，小企業から大企業へと成長した例は様々な業界に多数見ら
れます。

　もちろん，このような例は，何も製造業者に限ったことではありません。サ
ービス業の世界でも，そのサービス技術の画期的な方法の開発，たとえば，散
髪業である理髪店などでは，散髪・洗髪・顔剃りといった一連の作業をバラ売
りするといった方法で，従来の理髪店市場において大きくそのシェアを獲得し
ている企業もあります。また，コンビニエンス・ストアなども，24時間営業や
銀行支払サービスなど，店舗利用上の効用の増大を可能にする多くの画期的な
運営システムを開発することによって，小売市場の中で大きなシェアを獲得し
ていることは言うまでもないことでしょう。Amazonなどは，卸売業の機能と
小売業の機能を結合させる形で画期的な書籍流通システムを開発することで，
世界的な大企業になりました。今や書籍に留まらず，日常生活全般にわたる製
品カテゴリーを取り扱うまでに成長し，インターネット販売において消費者か
らの圧倒的な支持を得るに至っています。

　一方で，このような画期的な技術開発競争に敗れ去った企業というのは，い
ずれはその市場から撤退せざるを得なくなっていく場合も珍しくありません。
画期的な技術の登場により，それまでの既存品市場の成長が鈍化しはじめるこ
とから，在庫超過を招くこととなり，おのずと赤字額が膨れ上がっていくため
です。このような末路を辿らないためにも，製造業者であれば自らが扱う特定
の製品市場の中で，小売業者であれば特定の地理的範囲内の市場において，ま
さにしのぎを削りながら同業他社と戦い続けなければならないのです。少しで
も油断をすれば，成長を維持し続けることはできません。その伸びが鈍化すれ
ば，他の市場を求めるか，先にも述べたように，国境を越えてでも売上高を拡

大し続けるしかないのです。

　しかし，このようなビジネス拡大志向の大きな問題点は，何しろ，常にその売上高を増大しようとして，次々と工場から溢れ出すように製品を市場に供給し続けたとしても，その市場を形成する一定の地理的範囲内において，必ず需要の限界が生じるということにあります。それは，その地理的市場範囲の中で膨大で急激な人口増大でも起きない限り，その市場を独占してすら，遅かれ早かれ必ず売上の限界が迫ってくるのです。

　したがって，需要の限界による超過在庫を捌（さば）くためにも，さらに次々と，他の地理的な市場範囲の設定を繰り返し続けていかざるを得なくなるのです。このことの末路は，結局は，市場設定の限界が訪れることで，八方塞がりになってしまうということに他なりません。これには，当該製品が有する製品特性上の観点から，設定可能となる対象市場範囲の限界もありますし，当然，流通チャネルとしての製品供給体制構築の観点からの限界もあります。いくら売り手の思惑として地理的市場範囲の拡張をしたいと言ったところで，必ずしもその新規の対象市場が，製品特性上適している市場であるとの保証はなく，市場特性と製品特性とのミスマッチを起こしてしまうことも多いにあり得るのです。

　他方で，先発企業の後塵を拝する形で別の技術的な方法を開発し，同じ効用価値を有する製品を上市することについて考えてみましょう。いわゆるこれは，模倣戦略の展開による市場追随型の画策です。模倣戦略とは，後発企業が採り得る戦略そのものとして，他の企業が先行して市場導入した新製品に対して，類似製品・模倣製品を市場導入するというものです。基本的には，画期的な技術革新で，しかも多くの人々にとって必要性の高い製品として市場に受け入れられたことで，すでに市場が創造されているわけですから，同様の効用を持つ類似製品を市場に出すことに成功すれば，後発企業であっても売れるかもしれないわけです。

　この模倣戦略では，自らリスクを背負って市場創出する“産みの苦しみ”がない分，市場導入に対するリスクは抑えることができるものの，次のような現実が突きつけられることも確かです。すなわち，類似製品・模倣製品という“二番煎じ”であるがゆえに，ブランドとして見劣りする分，先発企業と同じ価格設定をしたのでは市場（消費者）が相手をしてくれないということです。

　したがって，類似製品・模倣製品というのは，必然的に低価格戦略を採ることが宿命となるのです。ということであれば，その低価格を実現させるための原理・根拠を有しているのかが，市場で生き残るための必要条件となります。低価格を実現させるための方法としては，1つめに，累積生産量の豊富化による「経験効果」を発生させることでコストダウンを実現するということであり，その累積生産量の豊富化が見込めないのであれば，2つめに，生産，流通，販売等に関わるコストの抜本的見直しを図るということをせざるを得なくなります。

　一般的に，過去に生産してきた累積生産量が倍増すると，業界を問わず2〜3割のコストダウンが図れるということが知られています。これは，ボストン・コンサルティング・グループ（BCG）の調査によって明らかにされた，いわゆる「経験効果」というものです。しかし，"後発"企業であり市場導入するのが"模倣"製品であるという現実からすれば，"先発"企業が先に上市した"正当"製品が"売れている"のが当然であり，先発企業に追いつき比肩するほどの販売量・生産量を一気に獲得することなど，到底不可能なのです。何しろ"二番煎じ"なのですから。

　したがって，このような販売量・生産量の限界を打破するために考えられることと言えば，先に説明してきたような，地理的な市場範囲を拡張し続けていくことで，先発企業に匹敵する販売量・生産量の獲得を目指すことになります。しかしここで改めて述べるまでもなく，この市場範囲の拡張は無限ではないため，やがて限界が訪れることになります。そうであれば，2つめの手法である，コスト削減要因を広く探し回ることで，生産から販売に至るまでに発生する様々なコストをいかに切り詰められるのかについて，検討していくことになるのです[9]。この典型的な手法としては，生産体制や製品供給体制の見直し等もありますが，それ以上に一般的な手法は，原材料自体を低品質なもの，あるいは安価なものにすることです。すなわち，製品品質レベルにおいて，先発企業と勝負することを諦めてしまうのです。

　しかし，このような製品品質レベルの（相対的）低下というのは，先発企業の製品品質が知られている分，顧客不満足を生み出すことも事実であり，第1に，継続的な売上が保証されないこと（お試し買いに留まること），第2に，低

品質低価格製品でよしとする消費者しか相手にできない，といった結果を招くことになるのです。それゆえ，いずれにしても結果的には，市場範囲の拡張が叶う見込みが薄いと言わざるを得ないのです。

　結局のところ，後発企業が採る需要飽和の打開策というのは，市場範囲の拡張を指向したところで，あるいは模倣戦略を指向したところで，その需要拡張の限界が訪れるのは時間の問題であり，必然的に訪れてしまうこのような末路を避けることなど，到底不可能なのです。

6. マーケティングにおける生産調整機能の取込み

　さて，ここまでの議論を少しまとめてみましょう。現代の資本主義経済社会における市場競争の中で，企業がその貨幣的利潤極大化を求めるためには，売上高や販売数量，市場シェア，利益などの増大に向けて，永久に生産規模や販売規模を拡大していかなければならないのです。ところが，個々の企業の提供財の増大に合わせて需要も増大するとは限らないので，必ず在庫超過を招くことになります。しかし，だからといって，この問題の解決のために他の地理的市場領域を求めて捌き続けたとしても，そこでの需要停滞が生じるのは時間の問題であり，結局は，次から次へと市場領域の拡大を続けなければならない，という宿命が待ち受けているのです。また，模倣戦略による低価格化路線を歩んだところで，元の木阿弥。市場範囲拡張の限界が必ずやってくることになります。

　というわけで，そのような状況下において事態を見過ごすわけにはいかず，当然ながら，何とか当該市場の中で生き残っていくための打開策がないかについて，企業は改めて探ることになります。すると今度は，次の２つの方策が浮上したとしても不思議ではありません。まず１つは，発想の転換をし，売れる分だけ，つまり需要に見合う分だけの生産を行い，過剰在庫を発生させないための方法を考えるということです。たとえば，小売店頭で常時10個の陳列が必要であるとすれば，７，８個売れた時点でその分が迅速に補充されれば，欠品もなく販売機会を逃さずに済みますし，小売段階での発注計画策定や，在庫確保にともなう在庫スペースが不要になるというわけです。この仕組みを実現す

るためには，売れた分の情報（販売情報）をどれだけ迅速に製造段階側に伝え
るか，そして製造されたものをどれだけ迅速に小売店頭まで配送するか，とい
った供給・製造・物流体制の整備が不可欠となります。

　今日では，そのような仕組みは，トヨタの「かんばん方式（ジャスト・イン・
タイム）」や「サプライ・チェーン・マネジメント（SCM）」としてよく知られ
ています。前者は，自動車生産における生産段階において，下請け企業による
部品供給から完成品の出荷に至るまで，淀みなく流れるための情報管理システ
ムのことで，その方式は世界中に広まりました。後者は，特にPOS（point of
sales：販売時点情報管理）システムなどに代表されるように，小売段階におけ
る販売時点での情報処理システム技術と，販売時点情報に基づく需要予測の高
度化を進めることで，大手の量販店やコンビニエンス・ストアを中心に，整備
されるようになりました。ここに至り，小売段階での販売情報が，卸売業者，
製造業者，そしてそこに原材料や部品を供給する産業財企業の段階にまで瞬時
に伝わり，小売段階での販売に必要な量だけが，切れ目なく迅速に供給・配送
されるようになりました。また，流通チャネル全体において在庫損失と機会損
失の抑制を目指すリーン生産・リーン流通（過不足のない生産・流通）が実現さ
れるようになり，企業組織横断的な流通体制が整備されるようになったのです。

　しかし，こうした体制を採ったところで，小売段階から次の最終段階である
消費者へと製品が流れないのであれば，すなわち，消費者側にその製品の消費
価値が認められず，購買されないのであれば，当然ながら，小売企業も卸売企
業も完成品製造企業も，そして原材料供給企業（産業財企業）も，その生産業
務や流通業務，販売業務を続けることができなくなるのです。したがって，こ
こに至り，小売段階から消費者の段階へとスムーズに製品を流すためにはどう
すればよいのか，といった問題，すなわちそれは取りも直さず，その製品を購
入したいという欲望を限りなく増長させていくためにはどうするか，という課
題へのアプローチが必要不可欠となるのです。上述した過剰在庫問題を打開す
るための2つめの方策というのは，まさにこのことなのです。

7. 情報創造による新評価軸提案の限界
―ガルブレイスの先見性

　そこで，この課題へのアプローチに向けて企業が取り組まなければならないことは，消費者に対して，常に製品の新しい評価軸の移動を提案するということです。ある意味，従来の「マーケティング」というものに対する一般的なイメージからすれば，この仕事こそが「マーケティング」なのだと思われても仕方のないところがあります。すなわち，「今お使いのあなたの製品には，この新製品が提供するこんな機能はありませんよね？　もし，この新しい機能を持った製品をあなたが利用するのであれば，あなたの今抱えている問題を，これまで以上に迅速に快適に解決することができますよ！」と，どのような微細な違いであっても，旧製品と新製品との異質的価値を強調するようなプロモーション・メッセージを次から次へと繰り出しながら，この新製品への切替えを促すのです。

　このようにして，一時として停滞することが許されず，売上高や市場シェアの永久増大化を目指して，次々と製品の新しい評価軸を提示しながら，買い手である消費者にとっての価値について理解を促進させる情報創造を行い続けることこそが，資本主義社会における企業の利潤極大化のための条件として必要不可欠な行為となるのです。何のことはない，"新評価軸" とは新しい欲望への刺激そのものであり，この "情報創造力" とは "プロモーションの巧みさ" ということに他ならないのです。

　しかし，これでは，企業のマーケティング活動は，単に新製品に目を向けさせて購買意欲をそそらせるための，手練手管以外の何ものでもない，と言えることになるでしょう。もっと悪く言えば，マーケティングとは，消費者にとってそれほど必要とはしないものを「必要だ！」と認識させるための "騙しのテクニック" である，ということになるのです。そこには，社会的非難すら生じることになるかもしれませんし，それ以上に，次から次へと新製品として市場に提案し続けるという行為は，企業全体での疲弊感に繋がることになりかねません。何よりも，買い手の側にとっては，そのような微細な差異を強調する "新

製品"情報には「またか！」と馴れっこになり，往々にして，まさに"笛吹けど踊らず"の状況を招くことになってしまうでしょう。

　と，ここまで書いてくると，マーケティングというものが，消費者に対する"目眩し"を前提とした"騙し"の販売術により製品を売りつけるものだ，というように捉えられてしまうかもしれません。このような見解については，およそ60年ほど前に経済学者であるガルブレイス（J. K. Galbraith）という研究者の述べていた内容が注目に値します。ガルブレイス（2006）は，次のように述べます。「財貨に対する関心は消費者の自発的な必要から起こるのではなく，むしろ依存効果によって生産過程自体から生まれる。生産を増加させるためには欲望を有効にあやつらなければならない。さもなければ生産の増加は起こらないであろう」（206-208頁）。これが，ガルブレイスの言う「依存効果（dependence effect）」という概念です。要するに，「欲望は生産に依存する」とする見方です。ガルブレイスによると，「生産者が積極的に，宣伝や販売術によって欲望をつくり出そうとすることもある。このようにして欲望は生産に依存するようになる」のであり，「高水準の生産は，欲望造出の水準が高く，欲望充足の程度が高いというだけのことである」と言います[10]。

　このように考えると，いくら消費者に対して"新しい評価軸の提案"をしたところで，結局のところ，そのような新評価軸を生み出せるのか，すなわち，依存効果を発生させることができるのか，といったことに生産規模や販売規模が規定されてしまうのは，容易に推察されるでしょう。情報創造力・情報創造量が無限でない限りにおいて，いずれは情報創造そのものが限界を迎えることになるはずです。

　一方で，情報創造の限界も然ることながら，むしろ，消費者が瑣末なプロモーション情報に踊らされなくなった，といった見方の方が適切なのかもしれません。現代は，"造れば造った分だけ売れる時代"ではなくなりました。市場領域内の需要が飽和に近づけば近づくほど，また，そのように"豊かな社会"になればなるほど，消費者の購買経験も豊富化したわけであり，新製品への期待や満足感の大きさも，相対的に縮小するようになったのです。つまり，経済学で言うところのいわゆる「限界効用逓減の法則」が発生している状況にあるのです。

　ということであれば，消費者を"騙し"の販売術によって購買するように操作するのではなく，消費者が自ら必要性を認め，自ら欲するような製品開発を目指していくことの重要性が，改めて強調されるのではないでしょうか。現代は，手練手管的マーケティング戦略を打ち出したところで消費者が鼓舞されるような状況では決してなく，ある意味で，買い手は"賢い"消費者であることを前提に，マーケティング戦略を打ち立てる必要があるのです。

8. 事業規模拡大志向に依存しない 新たなマーケティング観の必要性

　直前で指摘したような，消費者が自ら必要性を認め，自ら欲するような製品開発を目指すことの重要性というのは，取りも直さず，企業が，事業規模拡大志向を持つようになったり，あるいは，競争志向を前提に，競合他社に目線がロックオンしてしまっていることに対する警鐘でもあります。

　近年，より一層マーケティングが，ある意味で原点回帰をするように要請されているのも事実です。この発端は，推察されるように，1980年代に一世を風靡した競争志向への盲進に対する反省からでした。結局のところ，マーケティングが取り込んできた競争志向というのは，限定された既存の市場需要において，"競合他社からいかに取り分を多く奪うことができるか"，あるいは"競合他社を正面攻撃的に倒すことでいかに打ち勝てるのか"，といったことに象徴される生存問題的思想に基づいていたのであり，それは本質的に間違いではなかったのか。マーケティングが取り込むべき競争観とは，本来，"顧客にいかに支持されるのか"ということに照準を定めるべきであり，自社が有する顧客からの支持の結果（支持率）こそが，競合他社との間で競争優位に立つための源泉とすべきではなかったのかというわけです。要するに，競合他社を倒すという思想のもと，競合他社を戦略対象の標的とするのではなく，顧客からの支持の結果として競争に打ち勝つ，という思想を持つのが本来正しかったのではないか。これこそが，マーケティングが抱え込むべき競争志向のそもそものの姿ではなかったのか，ということなのです。

　そうです。競争志向の影響によって，競合他社との生存競争に躍起になって

いる間に、"顧客志向"、"消費者志向"を標榜しているはずのマーケティングが、そのよって立つ基盤である"顧客・消費者のことを愚直に見つめ続ける"ということを疎かにしてしまっていたのです。これは由々しき事態と言えるのではないでしょうか。

　1990年代以降アメリカにおいて、企業と消費者との関係を見直す、という動きが学術的にも見られるようになりました（井上、2018、15-20頁、46-47頁）。それは、アメリカが経験した不況を契機に生まれたものでした。具体的には、①不況の中での需要喚起の視点として、市場における量的拡大から離脱すること、②新規顧客を開拓する以上に既存顧客の維持を重視すること（顧客ロイヤルティの確立と維持）、③既存顧客とリレーションシップを重視すること（継続的・長期的関係の構築）、④「顧客価値」や「経験価値」の強調による顧客の消費生活との接点の重視、などが挙げられました。日本においては、アメリカに遅れること10年、平成バブル後の不況期の突入とともに、上述した方向に、マーケティングのあり方がシフトしていくことになりました。

　このシフトにおいて重要であったことは、次の点にありました。それは、従来は、いかに顧客を多く獲得するかを重視し、マーケット・シェアの拡大を目指すことを指標としていたが、そのような市場対応は時代にそぐわなくなったという点です。すなわち、新規顧客を獲得することよりも、既存顧客をいかに維持し続けられるのか、というように、その認識が180度変化したのです。それも、"顧客を逃さない"という消極的な意味においてではなく、既存顧客の存在こそが企業の生命線であり、今目の前にいる顧客をいかに大事にするのかが重要である、というようにです。

　マーケット・シェアにとらわれてしまうことの危険性は、市場規模を見落としてしまう点からも説明できます。シェア20％とシェア40％を比べたときに、シェアという表面的な現象からすれば確かに40％の方が優ると言えますが、シェアを拡大したところで、そもそも市場規模が縮小していたのであれば、売上高や利益額は減少しているのかもしれないのです。

　そこで、1人でも多くの顧客獲得を目指した量的確保、および市場範囲の拡大を前提とするような"永続的な新規顧客の発見・確保"とした論理ではなく、現在、自社を贔屓にしてくれている顧客を維持することに焦点を当てた「生涯

シェア（lifetime share）」という考え方が注目を浴びるようになりました。この生涯シェアとは，１人の顧客が一生涯を通じて，当該ブランドやメーカー等をどのくらい使用・消費してくれたのか，ということを見るための考え方です。具体的にはこれは，たとえば70歳になり，20歳で免許を取得して車に乗りはじめてからの50年間を振り返った時に，T社の車しか乗っていなかったとしたら，この顧客にとってT社の生涯シェアは100％だ，という見方をするものです。

　よって，顧客の側からすると，この生涯シェアの割合そのものが，当該ブランドやメーカー等に対するロイヤルティ（愛顧心，忠誠心）の程度として捉えることができます。この生涯シェアの考え方は，生涯のうちで何回購入してくれたのか，ということに目線を向けることになるため，顧客の心の中に，当該ブランドやメーカーがどの程度刻み込まれているのか，その"深さ"が重要となってきます。

　したがって，この生涯シェアでは，企業と一人ひとりの顧客との"絆や繋がりの深さ"を最大限重視していくことになるのです。それゆえ，マーケット・シェアという考え方が，競争業者との関係を意識しながら，新規顧客の獲得によって市場範囲の面的拡張を目指していくのに対して，この生涯シェアの考え方は，一人ひとりの顧客を見つめ続けるということから，そもそも企業が見据えるべき目線の先が，全く異なることになります。

　生涯シェアの拡大を果たしていくために要求されることは，顧客から生涯を通じてシェアを獲得していくために，顧客の年齢やライフ・ステージなどの変化に合わせて，適切な製品・サービス等を提案し続けるということに他なりません。したがって，顧客が経験している消費・生活空間を捉えた時，いつの時代にも当該ブランドやメーカーの製品が登場している，という状況を創り上げるための消費者分析が不可欠となるのです。ここに至って，一人ひとりの顧客が有するライフスタイルや生活戦略は何か，一人ひとりの顧客が有する価値観や信念は何か，また，一人ひとりがどのような問題を抱えていて，どのような消費価値を与えることになったらその問題が解決されるのか，といった消費者分析の重要性が強調されることになるのです[11]。そして，生涯シェアを獲得していくための基本的視点として，顧客の願望や欲望は進化し続けるという認識のもと，時間経過を念頭に置いたダイナミックなものとして，顧客を見つめ続

けていくことが必要不可欠となるのです。

　不況期という，新規顧客の獲得による市場範囲の面的拡大が実現困難な状況下において，生涯シェアの拡大という発想は，企業自らの努力成果として勝ち取ることができるという意味で歓迎されることになりました。この状況下において生まれた発想が「顧客との関係を密接にする」というものであり，顧客との関係性を重視したマーケティング展開を志向する「リレーションシップ・マーケティング（relationship marketing）」，さらには，一人ひとりの顧客（個客）に目を向けたマーケティング展開を志向する「ワン・トゥ・ワン・マーケティング（one-to-one marketing）」といった概念が一世を風靡し，流行語のように歓迎されることになったのです[12]。

9. マーケティングの思考基盤に対する原点回帰

　このように考えてくると，マーケティングというのは，一周回って，再度"顧客志向"・"消費者志向"へ原点回帰が見られるようになったと認識することができます。それは，競争志向に目を奪われてしまったマーケティングが，まるで覚醒したかのように，元来有していたはずの"顧客志向"，"消費者志向"を等閑視しないように，自らを戒めはじめたと捉えることができます。本章7.の終わりから言及してきた，「消費者が自ら必要性を認め，自ら欲するような製品開発を目指すことの重要性」というのも，マーケティングの本質への原点回帰と軌を一にするものとして，認識することができます。また，アメリカ不況の後に登場した，④「顧客価値」や「経験価値」の強調による顧客の消費生活との接点の重視というのも，大まかに言えば，消費者の現実の生活に目線を落とし，消費者の生活の中へ入り込んでいくことの重要性が，再度強調されたに過ぎないと考えることができるのです。

　大友（2010）は，競争志向と言う時の競争相手に対する認識として，核心をついた見解を主張しています。「企業側にとっての真の競争相手は同業者ではなく，需要市場を形成している一人ひとりの消費者ではないだろうか。過去の商品やサービスを捨て去り，新しい技術による商品やサービスを選択するのも彼らである。彼らとの戦いこそが，"真の競争"なのである。この競争に勝ち

続けることは，彼らに『他の商品ではなく，この商品こそが利益的効用の高い
ブランドである』と認識してもらい，永続的に選択，購買され，しかも満足し
続けてもらうことにほかならないのである」(25頁)。大友のこの指摘は，マー
ケティングが見失いつつある，そして"マーケティングがマーケティングであ
るための固有の意義"を再認識させてくれる重要な指摘として，真摯に受け止
める必要があるのではないでしょうか。

《付記》
　なお，本章のベースとなっている大友 (2015d) の第3章では，企業・事業規模拡大
志向の問題について，吸収合併型拡大戦略の観点からも，その問題点や規模の論理の限
界性に対する検討が行われています。詳しくは，同書第3章第7節を参照してみてくだ
さい。

::: 考えてみよう
　①　ドラッカーが捉える「事業の定義」について，まとめてみましょう。
　②　「事業の規模拡大志向目的」には，どのような問題が内在していたのでしょうか？
　　　また，ビジネス展開における限界は，どのようなところにあったのでしょうか？
　③　事業規模拡大志向に依存しない新たなマーケティング観には，どのような特徴
　　　があったのでしょうか？　マーケティングが本来抱え込むべき競争志向の姿にも
　　　触れながら，まとめてみましょう。
:::

注
⑴　本章は，大友 (2015d) の第3章を基に，著者の許諾を得たうえで，本章筆者によ
　る大幅な再編集行い，加筆をしたものです。本章が目指した「企業・事業規模拡大志
　向の問題点」について，マーケティング論との接点を持たせた考察を試みるという趣
　旨を理解していただき，再編集と加筆を寛容に認めていただいたこと，および本章の
　方向性について的確なご助言をいただいたことにつきまして，恩師である明治大学商
　学部の大友純教授に対して御礼を申し上げます。
⑵　金森ほか (2013) では，有効需要とは「財貨に対する単なる願望ではなく，企業の
　生産活動から生じる所得の支出によって裏付けられた需要のこと」と説明されています。
　なお，大友 (2014d) の第9章では，生産物の製造行為が国境を超えることによる有
　効需要の問題について，第2節および脚注6)にて詳細な説明が試みられています。

(3)　マネジメントを巡る今日的な状況の変化と内容理解の促進の観点から，本章での紹介は，ドラッカー（2001）を採用しています。

　　実際のところ，日本では，1980年代以降に見られる「戦略マーケティング」の登場以前にも，競争環境を意識したマーケティングの考え方が見られていました。具体的には，1960年代半ば頃から「マーケティング政策」という考え方において，競争環境や広く社会的環境まで視点を広げた戦略的な捉え方がなされるようになりました。1966年には，明治大学商学部名誉教授の徳永豊教授による『マーケティング戦略論』（同文舘）が出版されています。ここでは「マーケティング政策」と「マーケティング戦略」の違いに触れながらも，この当時から「特に競争企業の行動はマーケティング戦略をよりいっそう複雑なものにするとともに，この競争という次元を離れてマーケティング戦略を思考することはできないのである」（35頁）と述べ，「マーケティング戦略」として，競争環境による影響をマーケティング策定に取り込もうとしていました。

(4)　この「増分効用」については，**第4章**で説明されることになります。

(5)　産出規模の拡大と費用との関係については，大友（2015e）の第4章第3節にて説明されています。

(6)　なお，一般的に，産出量の増大にともない，その業務全体に関わる費用の平均値が当初は減少するものの，ある一定のところまで下がると徐々に増加に転ずる，という現象が発生することの説明は，大友（2015e）の第4章第4節にて行われています。

(7)　社会的責任という観点から指摘されたマーケティングへの批判について，それ以降，マーケティングがどのような対応をしていくことになったのかということについては，小林（2001）にて詳細かつ的確にまとめられています。1990年代以降は，特に「ソーシャル・マーケティング」の一環として，「環境マーケティング」や「グリーン・マーケティング」，あるいは「エコロジカル・マーケティング」として体系化が試みられてきました。たとえば，1992年には，明治大学商学部名誉教授の三上富三郎教授が代表を務めた環境主義マーケティング研究会により『環境主義マーケティング』（日本能率協会マネジメントセンター）という書籍が出版されたりしています。なお，三上富三郎教授は，日本で最も早く「社会的責任」という観点を強く意識したマーケティングのあり方について考察をした第一人者であり，まだ日本で社会的な注目を浴びる以前の1982年に『ソーシャル・マーケティング』（同文舘）というタイトルの書籍をいち早く出版しました。

(8)　不完全競争状態下における"売り手間格差"と"買い手間格差"について，それぞれどのような情報偏在が発生しているのか等については，大友（2015e）の第4章第5節にて詳しく説明されています。

(9)　たとえば，コスト削減要因としては，原材料費，人件費，燃料費，輸送費などといった変動費用一般について削減することが検討されたりします。本文で記述されたような，原材料自体の低品質化や，従来の原材料調達先の見直しなどによって少しでも安い仕入先を探すことで原材料費の削減を目指す他，正規労働者を減らして非正規労働者の採用を増やしたりといった対策を講じることになります。当然このような手法は，

品質の劣化や人的サービスの質の低下などを招きやすくなります。大友（2015d）の第3章第6節では，内部収益拡大戦略という観点から，このような戦略が，時間の経過とともに，結局は消費価値の低下やブランド・イメージの劣化を招くことになったり，あるいは市場活動における組織的な虚偽体質の醸成に繋がったりしてしまうことがある，ということに触れています。

⑽　補足をすると，ガルブレイス（2006）の言う「依存効果」は，「欲望は生産に依存する」という側面が注目されますが，一方で，「社会がゆたかになるにつれて，欲望を満足させる過程が同時に欲望をつくり出していく程度が次第に大きくなる。これが受動的におこなわれることもある」と言及している点にも注目する必要があります。すなわち，「欲望が満足される過程は同時に欲望を創り出す過程であることを意味して」おり，「満足される欲望が多ければ多いほど，新しく生まれる欲望も多い」としているのです。したがって，ガルブレイスの言う「依存効果」は，本来的には，欲望を満足させる過程自体が，次なる新たな欲望を生み出すという欲望間の連鎖関係としての依存も含まれており，その欲望の連鎖を生み出すために，生産者が財貨の生産と同時に，宣伝・販売術による欲望の創出（造出）も行うということになるのです。「生産は，生産によって充足されるべき欲望をつくり出す」というフレーズは，これらの意味内容を端的に表していると言えます（202頁，204頁，206頁）。

⑾　この消費者が有する願望分析の重要性については，**第5章**で詳述されることになります。

⑿　なお，「リレーションシップ・マーケティング」や「ワン・トゥ・ワン・マーケティング」に関する初期の代表的な書籍としては，レジス・マッケンナ（1992），ドン・ペパーズ，マーサ・ロジャーズ（1995），和田（1998）が挙げられます。日本において「リレーションシップ・マーケティング」や「ワン・トゥ・ワン・マーケティング」の考え方が広く知られるようになったのは，慶應義塾大学名誉教授である井関利明教授が手がけた一連の翻訳書による功績が大きいと言えます。

（河内　俊樹）

第3章 不拡大永続主義の論理とその方法

1. 拡大成長主義への疑問と事業の永続性

　第2次大戦後の何もないそれこそ造れば売れた時代や，また1960年代70年代のような経済成長の時代とは異なり，今日のように“豊かな時代”においては，すべての企業が儲かるような環境ではなくなりました。国策的な産業基盤的需要の一翼を担うような鉄鋼や石油や造船などを扱う製造業者やそこに関わる商社などの大企業であれば別ですが，通常の企業の場合であれば，特に国内市場が中心であるような企業では，急速な国内需要が期待されるわけではなく，しかも顧客からの強い要請があるわけでもなく，単により儲けたいという欲望だけに引きずられて株主や経営者側の都合だけで企業規模を拡大することには大きな危険がともないます。まして個別企業のレベルで，儲け第一主義で生産・販売の永久なる拡大成長を目指すというのは，前章でも検討したように，理論的にも不可能であり，最終的には破綻を迎えざるを得ないのです。

　ここに至り，こうした虚しさを感ずることのない経営や日々の仕事の場としての企業の存在価値に関する評価尺度というものについて，“企業は大きくなることよりも，小さくても永く生き延びた方が勝ちなのだ”という考え方の重要性が浮かび上がってくるのではないかと思います。要するに「企業規模や売上高の拡大・成長こそが最優先すべき組織課題である」という考え方から，ひとたび，「事業の永続性こそが企業の最も優先すべき課題である」という考え方に切り替えただけで，企業というものの経営戦略や日々のマーケティング活動に関する意思決定の拠りどころが大きく変化し，延いては企業自体の社会的存在価値が大きく変化するのだ，ということをこの章では述べたいと思います。

　すなわち，このことは企業が大きな売上高や利益の増大を求めなくても，グローバルに肥大化しなくても，中小規模のままで停滞し続けたとしても，とにかく事業を永く続けた方が勝ちなのだ，という価値観を持つということに他な

りません。こうした認識に立っただけで，顧客からも取引先からも愛され，支持され，しかも従業員すら自らの子どもをこの会社に就職させたいと思うような，働きがい，生きがいを感じるような企業に成長する可能性が大きくなるのではないでしょうか。まさにこのことを以下において論証していきたいと思います。そしてそこから企業としての1つの理想形を描き出してみたいと思います。

2. 長寿企業の不思議を考える

　なぜわが国には百年も二百年もこの社会に存在し続けている企業が多数あるのでしょうか。取りも直さず，それはそうした企業が世の中に提供し続けてきた有形無形の提供財自体が百年も二百年も売れ続けてきたということに他なりません。日本という国の歴史的変遷を少し考えてみただけでもその不可思議さが理解できるのではないでしょうか。たとえば，江戸時代から明治時代に変わっただけでも，人々にとっては天地が逆転したほどの価値観の変化があったのではないでしょうか。それまでの士農工商の身分はなくなり，欧米の文化や技術が次々と取り入れられ，髪型から服装，食べ物，建物や街並み，そして鉄道などの移動手段や電話，電信，郵便といった連絡通信手段に至るまで，目にするもののほとんどが変わってしまったのです。さらには日本国民としての義務教育制度が整えられたり，議会政治のための選挙制度が採り入れられたり等々，あらゆる社会的・政治的・法律的・経済的な制度も急速に変化したのです。さらには大正時代に入ると，ラジオも登場し，東京からの情報発信が瞬時に日本国中に伝わるようになったのです。わずか50年ほどの間にさえ，もう江戸時代の人々が目にしてきた世界とは社会の有り様そのものが大きく変化してしまったのです。

　そうした欧米に追いつき追い越せと国家そのものも帝国主義的拡大を進めた結果が広島・長崎への原爆の投下とともに終了します。すると今度はありとあらゆる文化や制度がアメリカ一辺倒の世界に変わりました。そして1960年代からは未曽有の経済成長の時代となり，日本中のあらゆる産業が活性化し，外国企業と互角に戦えるまでになりました。そうして80年代には"ジャパン・アズ・ナンバーワン"と煽てられて最後はバブルが崩壊し，90年代から今日に至るま

での長い低成長時代を迎えたのでした。

　この幕末から現代までの約150年の間にさえ，わたしたちの日常生活に関わるだけでもあらゆる価値観が変化しました。親子関係や家族関係，恋人同士の関係，友達同士の関係，上司と部下の関係，近所との関係等々について，あるいは職業，教育，政治，経済などの有り様に関する意識や価値観等々について，ありとあらゆるものが変わりました。あるいは国家間の関係や戦争に対する考え方だって50年前，100年前とは大きく変わっているのです。

　ところがこうした社会というものの長い歴史的な変遷の中で，また様々な価値観の変化の中で，表れては消え，潰しては潰された企業が星の数のほどあるにもかかわらず，延々とビジネスを続けてきた企業や商品が存在しているという事実はどのように考えればよいのでしょうか。人々の価値観や社会の有り様がこんなにも変化し続けているのに，なぜ買い手から，消費者から，社会から支持され続けることができるのでしょうか。

　わが国にはこうした1世紀を越えて今日もビジネスを続けているいわゆる「老舗」と呼ばれるような消費財企業および産業財企業が約2万社弱もあると言い，創業200年を超える企業で1千社弱，300年を超える企業ですら約400社強もあるとのことです（帝国データバンク史料館・産業調査部，2009）。いずれにせよ，これらの企業はそれこそ時代を超えて縦横無尽に変化してきた歴史的諸環境の中で，需要市場を形成している最終ユーザー側の消費価値に関する期待を一貫して裏切らなかった事実が存在すればこその結果であることだけは間違いないでしょう。

　そこには企業として世の中に産出する提供財自体の技術の高さやその創り出したものに対する責任感の強さ，そしていつの世でも変わらない普遍的な人々の欲求欲望，たとえば「愛する人を喜ばせたい」とか「美味しいものを食べたい」とか「少しでも快適な生活をしたい」等々といった期待に応えるために，常に儲けは二の次にしてでも，そのために必要な技術的革新や組織的革新を心掛け，そこにこそ積極的な投資を怠らなかったという特徴をそれら老舗企業には共通して見出すことができるのです。そうしたいつの時代にあっても消費価値の高い財を供給し続けながら，その事業行為に対する真摯で誠実で正直な企業組織としての顧客対応努力を続けてきたところにこそ，その長寿を支える秘

密があるのです。こうした企業としての事業行為をなぜ百年以上もの長きにわたって継続することができたのかを解く鍵の一端が，ほとんどの老舗企業で大切に守られてきた行為規範としての「家訓」に見出すことができるのです。

3. 家訓に見る企業組織としての行為規範

　老舗企業に伝わる家訓は，江戸時代以前の創業企業にもありましたが，特に江戸幕府の政治体制が安定し，江戸時代特有の文化が確立された元禄時代以降に多くの商家で明記されるようになりました。これは紀伊国屋文左衛門などに代表されるように，莫大な儲けを一代で散財しつくした豪商の有り様の轍を踏まないようにと，それを目の当たりにした当時の商家の当主たちが後継者への伝承目的で遺したものがほとんどです。そこには総じて奢侈をいさめ，倹約を諭し，信用創造をこそ第一として家業に励むことの重要性が記されているのです。まさに世間における商人としての存在価値を永続させるための叡智が結集されていました。

　たとえば，わが国でも長寿企業としてよく知られている企業の家訓の一端が図表3-1に整理されていますが，そこからも十分にその叡智を読み取ることができます。そこでは一様に儲け第一主義を嫌い，何よりも顧客の消費価値創造に繋がるような製品を製造すること，そのための独創性や革新性を重視すること，そしてそうした製品を卸したり販売したりすることを自らの事業の骨格とすることが明記されています。ここからは，老舗が決して昔のままを踏襲しているのではなく，常に時代の変遷とともに革新への精神を忘れずにいたからこそ，今日まで続いてきたことが窺えます。

　しかも従業員については家族と同様に扱うことやその教育の重要性を説いて教育制度自体の充実化を図ること，さらには取引先についてもその相手方の利益を十分に考慮しなければならないことを説いています。そういえば，大規模量販店の進出によってその周辺の中小小売業者が廃業に追い込まれたとか，取引業者が値引きを要求されて苦境に陥ったという話はよく聞きますが，こうした老舗企業と取引をしたために潰れたとか，同業者が老舗企業の影響で廃業したというような話を筆者は耳にしたことがありません。

図表3-1　老舗の家訓例

【新宿中村屋（創業1901年）】	【虎屋黒川（創業1526年頃）】	【西川産業（創業1566年）】
〈創業者相馬愛蔵の理念継承〉 ●『常に素人であれ、己の生業を通じて文化、国家に貢献する』 ●平成13年の新理念「新たな価値を創造し、健康で豊かな生活の実現に貢献する」 　◇独創性を発揮せよ（模倣を排す） 　◇良品廉価を心がけよ！ 　◇社会に貢献せよ！ 　◇こだわりをもて！ ●一店舗主義を重視する。 ●従業員教育の重視 　◇若き従業員には親代わりとして教育をする。 　◇従業員は家族である。 　◇従業員とその家族に不安を与えてはならない 　◇老後の心配をなくすために10年以上の勤続者に店費で保険をつける 　◇上品な慰安・娯楽を図り、情操を養う。 　◇常識と教養の勉学機会をつくる。 　◇主人・重役の給与は幹部級より薄給であること。 ●昭和12年には店員のための学校を設立	●「掟書き」と虎屋のこだわり 　◇お客様には丁寧を第一に。 　◇常に清潔であること。 　◇従業員の処遇を重視せよ。 　◇出入り商人も身内である。 　◇学習を怠るな。 　◇提案制度の採用。 ●「掟書き」と「店員役割書き」にみる経営危機への対処 　◇倹約せよ。 　◇店員教育とモチベーションの向上を図ること。 　◇店内のコミュニケーションを円滑にそして活発に。 　◇店自体の組織化を図る。 　◇店員の目的意識を明確に。 ●上司と部下は水魚の交わりを。 　◇ボーナスを出し、月二回の酒肴。 ●従業員を自分の子どもと同様の教育対象として捉えよ。 　◇従業員は労働者ではなく家族。 　◇従業員は管理の対象ではなく、教育の対象である。 ●不拡大方針を重視 　◇現状以上の百貨店出店も控える。 ●虎屋の従業員およびパートに対する教育機関として「虎玄」を別会社として独立して機能させる	●3代目のときに従業員のための積立金制度を始め、7代目のときに完全制度化する。 ●別家制度をとり、長年従事してくれた従業員を「一族」に順ずる「一家」として処遇し、経営への発言権をも認める。 ●7代目が三割銀制度（奉公人へのボーナスとして純利の3分の1を当てる）を始める。 　◇この制度は後に従業員の無駄遣いを防ぐために積立制にする。 　◇登り制度として、長年の奉公に報いるために故郷に土産を持たせて錦を飾らせる。 　①初登り（7年目の奉公者に路銀、土産代、着物代として3両2分を支給） 　②二度登り（初登りからさらに5年奉公した者） 　③三度登り（さらに5年で4両を支給する）。 　④退役登り（更なる長期奉公者を「別家」として認める。 ●人事考課制度の充実化に注力し教育制度の向上のために積極的な投資を行う。 ●現在もほぼ同様の制度を踏襲。

出所：明治大学リバティアカデミー老舗研究会において講演者である各老舗企業の皆さんから提示された講演資料より作成。

　そして利益が上がればそれを従業員や自らの所在する地域に対して十分に還元することの重要性が記されているのです。そうすることによって、世間や顧客からの信用・信頼を獲得することが事業継続にとって最も重要なことであり、それ自体を事業目的としなければならないことが強調されているのです。

　それだけでなく、たとえば西川産業の家訓からは長年勤めてくれた従業員を一族に準ずる別家として遇し、その長年の貴重な経験を積極的に経営に役立てていこうとする姿勢が読み取れます。現代企業の定年退職者に対する扱い方とは大きな違いが見られます。

　また島津製作所2代目の島津源蔵訓語には「事業の邪魔になる人」および「家庭を滅ぼす人」という項目の双方に「夫婦仲が睦まじいこと」の重要性が記されています（山本，2005）。これは〝家庭が安定していればこそ仕事に精を出すことができるのだ〟との考え方が読み取れますし、図表3-1の中村屋の家訓にも経営者は「従業員の家族に不安を与えてはならない」と記されています。

ここには明らかに企業の繁栄と従業員の家庭の繁栄とが同じ次元で捉えられており，人が人のために行う商い（ビジネス）というものの本質を，老舗企業がその事業遂行の基本理念に据えていることを窺わせます。

　このような内容を持つ「家訓（中には文書化されずに代々“口伝”として受け継がれている企業もあります）」を代々の経営者が，自らの組織の行為規範として継承していくことはそう容易なことではないでしょう。老舗企業に残るこうした家訓の多くが創業者から３代目のあたりまでに制定されています。その成立以降，現代まで百年，二百年，あるいはそれ以上にわたって経営指針として日常のビジネス行為の支柱に据えられて踏襲されてきたとすれば，それは代々の当主にとって，家訓はある意味で一種“恐怖的な存在”もしくは“威圧的な装置”としての役目を果たしてきたのかもしれません。まさにそれに沿った経営姿勢を義務として守ることを強制されざるを得ない倫理的な規範書としての価値を担ってきたのです。

　この家訓の内容を単純に守りながら日々顧客奉仕の精神を忘れずに経営を行ってきた結果として，今日あるような世間からの信用も得てきたのだと思えば思うほど，そこに記されていないような，あるいは禁じられているような商行為や組織拡大の意図を当代の当主が持つことは，多大なる葛藤と勇気を必要としたのではないでしょうか。したがって，無闇な自己利益の追求を目的とした市場拡大策や世の中の流行に促されるような新規事業への投資などは控えざるを得なかったとしても不思議ではありません。まして明日にも経営上の危機が確実に襲ってくるという切迫した状況になければなおさらのことでありましょう。だからこそ，家訓に記された顧客第一の経営姿勢だけを守ってきたことが，規模は大きくならずとも，現在に至るまで顧客からの絶大なる信用・信頼を得ることに繋がってきたのではないでしょうか。そして何よりも確かなことは，老舗企業としての長寿を全うしている理由が，決して欧米流の戦略書に記載されているような特定の外部知識的経営戦略の熟慮の積み重ねによるものではなく，ただひたすらに単純に家訓に記された顧客志向の精神を正直に誠実に真摯に具現化してきたところにあるということなのです。

　こうした意味からすれば，まさにこの家訓自体が組織にとっての「行為価値」として認識され，商人として従うべき「行動原理」として機能してきたと言っ

ても過言ではないのです。この原理の下における経営のスタイルは，明らかに知性によるものではなく，過去の家訓に記された経営理念を，当主とその教育に従う従業員とが意志を持って日常のビジネス行動として具現化してきた努力行為そのものとして捉えてよいでしょう。それはすでに**第1章4.**でも述べたように，極めて主意主義的であり，「三方よし」という商人道を「善的行為」とする限りにおいて，その時代時代で要求される「買い手よし」や「世間よし」のために必要不可欠となる革新の連続への対応も必然的努力行為として常識化され，その事業精神の中に深く刻み込まれているのです。

　それは図表3-1の中村屋の家訓にある「独創性を発揮せよ」や虎屋黒川の「学習を怠るな」，「提案制度の採用」だけでなく，上述の島津製作所の家訓にも「何事にも工夫を怠るな」という文言があり，またその他多くの老舗企業の家訓や口伝からも一様に窺えるところです。そうした組織的努力をこそ，世間の顧客が評価し，企業組織そのものを今日まで存続させてきたと考えてもよいのではないでしょうか。現に東京都内の三代百年以上の歴史を有する老舗の集まりである「東都のれん会」のキャッチフレーズでは「伝統とは革新の連続である」と言っています。現実に様々な業界において，意外と新しい画期的な新製品や新事業は老舗企業から生じていることが少なくありません。西川家などは，創業期には「弓矢」などの武器を扱っていたのが，平和な江戸時代には「蚊帳」を扱い財産を大きく増やし，また第2次大戦後の今日では「寝具全般」を扱う企業になっています。その業種の時代性を十分に理解しながら常に新しい事業展開を求めてきたのでしょう。こうして今日に残る老舗企業は決して昔のままを頑固に守り通しているわけではないのです。もちろん，何百年と続こうが，こうした「家訓」に記されたビジネスの本質を忘れ，その範囲を逸脱したり，自社の利益目的だけでいたずらに拡張戦略や多角化戦略を行ったりした老舗企業は，結果として破綻している場合が多いのも事実なのです。

　このように見てくると，決して家訓の存在自体がビジネスの永続性に繋がっているのではなく，家訓に記された行為原則を順守するかどうかという意志の存在と，それを自律的な業務規則として，なすべき義務として認識できるかどうかということなのではないでしょうか。そうであれば，企業経営を永続させるために最も重要となるのは，そうした家訓に記された商人道としての「三方

よし」の精神を具体的な行動へと展開できる意志主体としての次期経営者をいかに育て上げるか，また同時にそれを主意主義的に行い得る従業員をいかに育て上げることができるかという教育の問題そのものに行き着くことになるのです。

　この教育がなされずに，家訓に記された経営規範を無視した企業は，たとえそれが百年，二百年の長きにわたって承継されてきたとしても，その瞬間に社会的存在価値を失ってしまうことになっても不思議ではないでしょう。したがって，このことはたとえ家訓そのものが存在しなくても，創業以来，商人道の精神が真摯に誠実に守られ，後継者や従業員を厳しく教育し続けてきた企業であれば，そしてそれを顧客や取引先が評価し，信頼し，安心して付き合える相手だと確信してもらえるのであれば，その結果として永続的な事業展開が可能となるのだと言えるのです。

4. 顧客側の永続的支持の論理と老舗企業の存立原理

　ここまでの議論においては，老舗企業がなぜ時代を超えて今日までビジネスを展開し続けてくることができたのかについて，企業側の要件を中心に検討してきました。しかし，ビジネス行為というものは，買い手である顧客があってこそ成立するものであり，その顧客の側がなぜ代々にわたって特定の売り手企業を支持してきたのかについての理由も明らかにしておかなければならないでしょう。何しろ顧客の側には特定の企業の製品を親も子も孫も買い続けなければならないという必然性も使命感もあるわけでもありませんし，何よりも顧客側自身の様々な事情に基づいて自由にその企業との取引関係を清算できる相手なのですから。そこでここでは顧客の側が特定の企業を代々支持し続ける理由について考察してみることにしましょう。

　曽祖父母や祖父母，そして父母が信用信頼し購買し消費し続けてきた製品やサービスを当代の自分までがなぜそれを好んで購買し消費し続けているのでしょうか。そうでなければ，百年，二百年とその商品やサービスを製造，販売してきた企業の存在をどのように説明すればよいのでしょうか。祖父母までは記憶にあっても，まして曽祖父母となれば気の遠くなるほど昔の人ですし，家族

としての繋がりはあっても，その人々の日常生活のエピソードすら今日では聞いたことのある人の方が稀なのではないでしょうか。しかし間違いなくその人々が好んで消費してきたものを今も消費続けていなければ老舗の存在などこの世にあるはずがありません。

　わたしたちが生まれてこの方，全く誰からも影響を受けずに自らの生活に必要なものを選択し，消費し続けてきたとするならば，曽祖父母や祖父母が好んでいた商品を自分も好むなどということは，偶然以外の何ものでもなく，その選択確率は非常に低いのではないでしょうか。何しろ百年前と比べれば今日の身の回りを囲む商品環境のほとんどが全く変わっているのですから。しかし曽祖父母が好んで食べていたお菓子を今のわたしも好んで食べているという事実。あるいは祖父母が好んで使っていた道具を今のわたしも好んで使っている事実等々。この事実としての伝承行為がなければ，確かに老舗の存在はあり得ようがないのです。そして言葉を変えれば，この伝承行為とは親から子へ，そして孫へと代々の「教育」行為なのだ，と捉えてもよいかもしれません。

　ここにこそ，百年以上の長きにわたってビジネスを続けることのできた理由が隠されているのではないでしょうか。あるいは“ブランド”というものの本質もそこにあるのではないでしょうか。もちろんこうした伝承は血縁関係の中だけで生じるわけではありません。わたしたちは友人や仕事上の先輩からそうしたブランドの価値を伝承されることもあります。あるいは様々なメディアを通じてその価値を自ら認識する場合もあります。それはまさに社会自体が認めてこそのブランドであると言ってよいでしょう。そうした企業はそれを具現化するための高度な技術の継承や時代の進展に適合するような革新的努力を継続しながら，しかもいつの時代にも真摯で誠実に正直に商いをしてきた末の今日の姿に違いありません。そうした企業の姿勢を顧客の側が支持し，その消費価値の伝承を自らの周辺に積極的に布衍してきたのではないでしょうか。ここにこそ，老舗企業の存立原理そのものがあるのであり，ブランドはまさしくわたしたち消費者によって“ブランド化”されてきたのだ，と言っても過言ではないのです。

5. 不拡大永続主義経営におけるマーケティングの本質と7つの原則

　本来，「ブランド」とは製造されて市場に登場するすべての製品に付されている識別記号以外の何ものでもないのです。そして市場でその品質や性能の優秀さが評価され，市場に浸透し，多くの人々の知るところとなってはじめて，わたしたち顧客の側が口にするところのいわゆる「ブランド品」としての称号を獲得することができるのです。したがって，実はブランドの付された製品の多くは市場での高い評価を受けることなく，すなわち売れないままに市場から消えていく製品の方が圧倒的に多いのです。

　要するに，通常「ブランド」という意味はそうして市場に永く生き残った製品に与えられる特定的な意味で用いられている用語なのです。しかもそれが広告などの巧みさによって一時的に知られた製品ではなく，百年以上の長きにわたって評価され，市場に生き残ってきた製品を提供してきた企業こそが「老舗企業」と呼ばれているのです。このように，市場において価値ある"ブランド品"とは，長い時間をかけてその品質や性能の優秀さが証明され，そしてそれを創り出す企業の社会的な信用や信頼が培われてはじめて認められるものなのです。

　このような売り手と買い手の代々にわたる取引関係は，それを実質的にコミュニケーション関係の永続化と捉えてよいかもしれません。上に述べたように，まさに百年以上も続く顧客との関係は企業側の代替わりだけでなく，同時に顧客側も代替わりをしながら，それらのブランドに関する価値観を互いに次の代に刷り込むという教育的コミュニケーション行為が積極的に行われていた結果でもあるのです。企業側では先代当主から当代当主への事業価値伝達行為としてのコミュニケーション努力が，そして消費者側では先代顧客から当代顧客への消費価値伝達行為としてのコミュニケーション努力があったればこその，企業と顧客の関係の継続であったのです。すなわちそれは，それぞれ親から子へという価値観の継承行為であり，そうした親子間での豊かなコミュニケーション関係の創造努力の結果に他なりません。

　このようにして，企業の側と顧客の側の関係が，さらには従業員や取引先，そして世間等々との代々にわたる永い関係は，これらビジネス取引の構成要素間相互の相等しい価値観に基づくいわゆる「等価コミュニケーション」[1]を繰り返しながら，他の一般的な企業群の有り様が示す取引環境とは全く異なる「運命共同体的統一体」としての社会システムを形成してきた結果であると考えてもよいのではないでしょうか。この意味において，そうした運命共同体的システムの内部で，その外部環境とは一線を画した状態の下で，価格による市場メカニズムに影響されることなく，それら構成要素間において1つのコミュニケーションが次のコミュニケーションを生み出すという自律的なコミュニケーション行為の展開をそこに見出すことができるのです。

　このように考えれば，顧客との一度だけの取引関係が次の取引を保証するわけではないがゆえに，それを永続的な関係として紡いでいくためには，真摯で正直な不断のコミュニケーション努力だけが必要不可欠となるのであり，それが未来の存在保証になると言えるのです。すなわち，人間と人間の関係としてのビジネス行為というものにおいて，そこにしか互いの信用・信頼関係を築くことができないのだということを知らなければならないのです。まさに企業のマーケティング行為の本質がここにこそ存在するのです。こうしたビジネス関係においてのみ，企業の側と顧客の側が互いに敬意を払うことのできる取引相手としてその価値を創り上げることが可能となるのです。

　創業以来百年を超えて存在する老舗企業とは，顧客への奉仕こそがビジネス行為の本質である捉え，それを義務として遂行するための具体的な仕組みや接客の仕方，取引先や従業員との関係への配慮等々を構築する活動を，意志を持って遂行するということを今日まで脈々と受け継ぎながら事業を続けてきたのです。こうした企業の姿勢をこそ，時代を超えて顧客側が評価し，その存続を許してきたのではないでしょうか。それは企業規模とはまったく関係のないことなのです。このような老舗企業に共通する特質から，ビジネス組織そのものを長生きさせるための経営原則を次の7つにまとめることができます。

　①　顧客への奉仕こそが自らの産出する製品やサービスの目的であり，それ以外の目的を想定しない。

② そのために必要な従業員や事業継承者への教育を義務と捉え，主人から
従業員までが“顧客奉仕のため”という行為認識を，自らの労働の価値そ
のものであると理解させるような努力を，“教育”という概念で辛抱強く
行う。

③ すべてに正直で他者を欺くような行為を心底嫌うような意識と組織文化
を醸成する。

④ 取引企業の人々も自社の従業員も“家族”であると捉える。

⑤ 同業者に脅威を与えるような事業行為を控える。

⑥ 自らの事業に誇りをもち，また世間に対して恩返しをするという意識を
持つ。

⑦ 明日の顧客に酬いるために，今日以上の品質や性能，そしてサービスの
向上を目指し，そのための教育と技術開発（革新）への投資を怠らず，ま
た自社の存続の基盤となる環境変化にも即応できる態勢をとっている。

　この7つの要件はしたがって，これらを義務として意志を持って日々のビジ
ネス行為において企業が順守するのであれば，いたずらに市場シェアの拡大や
ビジネス規模の拡張を目的・目標としなくても，顧客に支持され，さらには社
会そのものからも支持され，それらの人々にとってなくてはならない企業とし
て，その存続を永続的に許されることになるでしょう。たとえ事業成立の基盤
となる特定地域の人口そのものが減少したとしても，あるいは画期的な技術の
出現で業種そのものの存立が不可能となった場合でも，今日ある老舗企業の多
くが，常に“ビジネスとは革新の連続なのだ”という志向の下に，新地域進出
や新事業開発への果敢なる挑戦によってそうした危機をも克服してきたのです。
　ここにおいて，消費価値の高い製品の製造や販売が積極的に行われ，また企
業トップの承継における顧客志向教育の徹底と，従業員に向けた顧客志向教育
の徹底，そして事業革新への投資と従業員への利益配分を前提とした企業収益
の内部蓄積の重視を核とするところの不拡大永続主義経営の実践が可能となる
のです。

《付記》

　なお，本章の「不拡大永続主義の論理とその方法」は，大友（2015f）の第5章に基づいています。また特に，大友（2014d）の第9章では，老舗企業に関するより詳細な記述と分析が行われているので，参考にしていただければ幸いです。

考えてみよう

　① 企業規模を拡大しすぎて倒産してしまった実際の企業例を調べてみよう。
　② 祖父母や父母が気に入って使っている，あるいは食べているという商品で，自分も好きだという商品を探して，その理由について考えてみよう。
　③ 長寿商品における革新事例について議論してみよう。

注

(1) この概念は，ルーマン（1993, 17-91頁）からヒントを得ています。

（大友　純）

「三方よし」の実践による価値共創型製品開発の展開
―基幹産業財企業における「三方よし」の実践事例―

住友大阪セメント株式会社

小堺 規行

1．完全競争状態に近い基幹産業財市場

　セメントという財はコンクリートの原料となるものであり，鉄鋼や石油や造船などと同じように，国策的な基幹産業財の1つであると考えられます。技術の限界が見えつつある中でも何とか次の技術革新をすることによって市場を再生化したり，マーケティング的な手練手管でむりやり需要を喚起したり，果ては吸収合併によって市場シェアを拡大したりと，いわゆる「規模の経済の中での拡大主義」に走ることの限界は，本書の**第2章**で見てきた通りでありますが，ことセメントや鉄鋼のような国策的な基幹産業財は別の物，と言えるかもしれません。これは，別の見方をすれば，鉄鋼やセメントといった基幹産業財は，いわゆる「完全競争状態」に近い市場にある財と見なすことができます。

　「完全競争状態」とは，あくまでも経済学上における仮定的かつ理想的な理論概念で，小規模で多数の売り手（基幹産業財の場合はメーカーと代理店契約を締結している商社）が存在し，それらが完全な市場情報，すなわちセメントの場合であれば「どこにどのくらいのコンクリートが出荷されるか」について，「完全な情報」を持っている市場のことを言います。さらに売り手のみならず，買い手，すなわちセメントを原料として製造されたコンクリートを買うゼネコンや工務店，延いてはそれによって構築されるマンションのデベロッパーも含め，その市場に参加しているほとんどすべての企業が「セメントの価格とそれを原料としたコンクリートの性能や価格」についての情報を「共通に」持っており，したがって，自分にとって購買すべき最適な商品が何かを理解している状態にあります。

　たとえば，東京都の特定の場所にマンションが建設されるとなれば，直ちに近傍の生コン工場がその生コンクリートを製造出荷するために選定されますが，同

時にその生コン工場に原料として納入されるセメントも一義的に決まり，そこには工事物件ごとの熾烈な競争が勃発することはあまりありません。したがって，セメントの製造業者のシェアは長年にわたって大きく変動することはなく，価格もほぼ安定しているため，いわゆる「完全競争状態に近い」と言えます。

　このような市場にある国策的な基幹産業財には，これに代わる価値，セメントで言えば「同等以下の価格，流通，性能で構造物を構築できる素材」は長きにわたって現れていないため，「価値創りとしてのマーケティング」は不要であり，そのスタイルはいわゆる「管理営業」という高度なデータ処理と人的専門性を有するものになります。

　しかしながら，基幹産業財に「価値創りとしてのマーケティング」は本当に不要でしょうか。確かに，わが国には大手のセメント製造販売の会社は数えるほどしかなく，前述の通りそのシェアもほとんど安定して変化はありません。しかし，基幹産業財メーカーの長い生産販売の歴史の中には，そこで培った多様な技術が蓄積されており，それらの技術を組み合わせれば「さらなる価値創り」を実践することも，もちろん可能なのです。本ケースでは，近江商人の経営哲学の１つとして広く知られる「三方よし」，つまり「商売において売り手と買い手が満足するのは当然のこと，社会に貢献できてこそよい商売と言える」という考え方＝「売り手によし，買い手によし，世間によし」を，基幹産業財の分野で実践した事例を紹介します。

２．企業人における理論の実践と拡大主義

　事例紹介の前に，企業人がマーケティング戦略理論を実践する時に重要なことに触れなければなりません。それは，「理論の実践も拡大主義ではなく，永続主義でなくてはならない」ということです。本書の**第２章**において拡大主義の限界と**第３章**において永続主義思考の重要性が説明されていますが，企業人のほとんどすべては拡大主義の呪縛にとらわれており，永続主義思考を持つことができません。その思考を持って実務に活かすことこそが，実は拡大，しかも純粋で新しい拡大に繋がるのだということが理解できません。したがって，本書で言う拡大主義より永続主義，という理論を読むと，頭では「その通りだな」と思うのですが，いざそれを実践に移し，価値創りとしてのマーケティングを展開しようとすると

「いきなり拡大主義」としてはじめようとしてしまうのです。つまり，せっかく永続的な革新の技術を持っていながら，それを「やっぱり拡大主義として」使おうとしてしまうのです。そしてそのほとんどは無責任な成果要求などの圧力などに屈して失敗に終わることが多いのです。

　このような目も当てられぬ悲劇は，情報技術が進化して仕事のスピードが格段に速くなった現代ならではの悲劇であると言えるでしょう。コンピューティング・システムの高度な発展により情報処理のスピードに人間がついていけない状況になってしまったため，とにかく目先の利益やノルマの達成に終始する物理的限界に，現代の企業人は曝されています。永続なんて，到底考えることはできない状況なのです。よって企業人の実務の指向性は，多くの業界に深く横たわった拡大主義を目指すことになります。価値創りは永続主義を基に構築されるべき，という「セット概念」は，本書を読んでも気が付かないという，まさに悲劇が起こってしまうのです。

　価値創りとそのビジネス成果の大きさは，本来全く無関係のものです。成果が小さくてもよいのです。買い手の消費価値の創造は，それがはじめから大きなビジネス的価値を創出しようとして行われることはありません。どうしたらお客様が喜ぶか，だけを考えて創出されるものです。その「悩みと解決・探索と開発」には大変な労苦をともないますが，当初から拡大と巨大なビジネス成果を前提になされるものではありません。なぜなら，拡大と巨大なビジネス成果を生み出すビジネス事案ほど市場で目立つため，たとえ一番最初にそれに気が付いたとしても，あっという間に競合が現れ，熾烈な競争市場に変貌してしまうからです。仮想通貨や電子決済市場を見れば，それは一目瞭然ではないでしょうか。永続主義の基本が，このような熾烈な競争を前提としていないことはすでに説明した通りです。したがって，価値創り・永続主義のマーケティング理論の実践は，これをセットで実現し得る実践形態でなければなりません。

3．「三方よし」のセメント＝ホコリの出ないセメントを創る

　セメントは水と練り混ぜることによって固まり，構造物を構築することができますが，この「練り混ぜ」という行為の際にどうしても多量の粉塵，いわゆるホコリ（埃）が出ます。「発塵」という現象です（写真１）。筆者は，ある建築物の

工事が行われる際，その工事を
受注した工務店様からご相談を
いただきました。その建築物は
1階に多くの生鮮食料品の店舗
が軒を連ねており，しかもその
多くは朝早くから夜遅くまで露
店営業をしているため，1階で
セメントの袋を破いて練り混ぜ
作業を行うと多量の粉塵が発生
して営業妨害になるから工事が

〔写真1〕従来のセメント袋の作業。激しい発塵が
観察される。

できないと言うのです。また売っている物が生鮮食料品であるため，そこに万一
セメントの粉塵がかかったりしたら補償問題に発展してしまうかもしれないと言
うのです。さらに，その店舗群には観光客も含め昼夜多くの買い物客が往来して
おり，その人たちにも当然悪影響が出ることは明らかでした。

　店舗を一時的に休みにして工事をやればよいではないか，とか，工事区間だけ
完全な粉塵遮断処理をして工事をやればよいではないかなど，いろいろな案があ
りましたが，わが国でも有名な商店街であり，なかなか解決策はありませんでした。
いずれにしても，通常工事の範囲でなければ経済的にも工期的にも無理があった
のです。

　ここに「三方よし」の要素を考えてみましょう。まずセメントの売り手は筆者
の会社です。次に買い手は工務店様およびその建築物のオーナーです。そして
世間とはそこに買い物に来る観光客やお店の人です。これで三方が揃いました。
つまり，この事案は「三方よし」の実践を行うためには格好の素材となったわけ
です。

　問題はセメントが「練り混ぜると発塵する」ことです。であるならば，発塵し
ない，つまりセメントそのものをホコリの出ないように変えたらよいのではないか，
という発想に行き着きます。これはまさに技術革新の1つですが，そうは簡単に
はいきません。何しろ過去にホコリの出ないセメントというものは（この分野では）
存在していなかったからです[1]。

　しかしながら，前述の通り基幹産業財メーカーの長い生産販売の歴史の中には，

そこで培った多様な技術が蓄積されており，それらの技術を組み合わせれば「さらなる価値創り」を実践することも，もちろん可能なのです。筆者らはセメントのホコリというのはそもそも何なのか，ということを分析しました。その結果，モヤ（靄）のように宙を漂うホコリはある一定の大きさ以下，たとえば概

〔写真２〕 ホコリの出ないセメントの作業。発塵は著しく抑制されている。

ね10μm以下の粒子であることを突き止めました。つまり逆に言うと10μm以上の粒子はホコリにはならず，宙を漂うこともないのです。ということは，10μm以下の粒子を何とかして10μm以上の大きさの塊，つまりダマにしてしまえば（これを「塊合（カイゴウ）」と言います）ホコリは出ないことになります。

　読者の皆さんは小麦粉やホットケーキ・ミックスを水で溶いたことがあると思いますが，この「粉と液体を均一に混ぜる」という作業は，何かを混ぜるという作業の中で最もやりづらい作業の１つです。よってセメントに水以外の液体[2]をうまく混ぜて均一に混合し，この時10μm以下の粒子がうまくダマになってくれたら，ホコリの出ないセメントに変えることができるのではないか，と考えたわけです。ここに基幹産業財の企業が長年蓄積してきた技術の要素が活かされています。

　しかしながら前述の通り粉体であるセメントに液体を均一にまぶし，微小なダマを作るというのは単にスプーンで混ぜる，というような方法では到底達成できません。単に粉体と液体をガラガラとかき混ぜても大きなダマができるだけで，均一にはならないからです。そこで筆者らはセメントを大きな容器の中に入れ，工事現場で練り混ぜる作業と同じようにかき混ぜながら容器内で故意に発塵させ，そこに液体を10μm以下の霧状にして噴霧するという方法を編み出しました（写真２）。粉体を構成する粒子よりも小さな霧を飛ばせば，大きなダマになって不均一になることはない，という考え方です。ここにも基幹産業財の企業が長年蓄積してきた技術の要素が活かされています。基幹産業財企業には，100年以上の

歴史を歩み，巨大な設備と熾烈なコストダウン努力の結晶である「要素技術」が宝のように埋まっているのです。

　こうして，従前この市場に存在しなかったホコリの出ないセメントが創出されました。そして「三方よし」は実践されました。まず，筆者は無競争でこのホコリの出ないセメントを販売できました。よって売り手よし，です。次に，このホコリの出ないセメント使うことで工事が進捗し，買い手である工務店様と建築物のオーナー様は定められた工期を守ることができ，満足されました。これで買い手よし，です。そして最後に，押し寄せる観光客と買い物客に粉塵被害が出ることもなく，店舗は通常営業を継続できました。これで世間よし，です。

　しかしながら，このホコリの出ないセメントは価格がやや高いため，巨大なビジネス成果を得たわけではありません。また，その後他の工事でどんどん使われて，目覚ましく拡大したわけでもありません。しかし，このような価値創りをした企業を，買い手と世間はどう見るでしょうか？　ファンにならないでしょうか？何か困ったら，相談しようと思わないでしょうか？　その価値創りをした企業と，ビジネス成果が小さいからやらなかった企業と，どちらに買い手は魅力を感じるでしょうか？　その口コミでの広がり，コミュニケーションの永続性，これこそが，永続主義という理論の実践であると，筆者らは考えているのです。

注

(1)　正確には著者らの発明品が1990年ごろから異なる業種分野で上市されていました。したがって，本書に記載の工種において，という意味です。

(2)　ダマを作るために水を混ぜるとセメントが固まってしまい，本来の性能を発揮できないことになってしまいます。筆者らは水以外のダマ作りの液体として「グリコール」という物質を使いました。

II 応用編

永続化のための
実践的考え方

マーケティングの論理の原点にあるのは
人間の欲望の存在である。

第4章 製品コンセプト創造の重要性とブランド化の論理

1. 顧客が消費しているのは財の有する効用である

　マーケティングという活動を行うためには，何よりも「消費価値」のあるものは何かを考えなければならず，そのためには"顧客を知る"ということが不可欠となります。そこから顧客の夢，希望，期待，欲求していることは何であるかを知り，また分析することではじめて，いかなる行為，業務，仕事を顧客に向けて行えばよいのか，どのような対応や提案をしなければならないのかが明らかになるのです。要するに，すでに**第1章3.**でも述べた通り，企業のビジネスとは，売り手の都合によって行うものではなく，あくまでも買い手の都合に合わせて行うものなのです。すなわちそれは，顧客にある特定の財を買いたいと思ってもらえるよう，顧客の使用目的，あるいは利用目的に適合すべく，すべてを調整していくことに他ならないのです。より具体的には，顧客のそのような目的に適うよう，品質や性能，価格，デザイン（大きさや形状），使用したい時期・時間や支払条件等々について，顧客の都合や要望に沿った提供をしていくということなのです。したがって，顧客側のこのような要望を叶えるためには，その情報の収集分析が必要不可欠となりますし，そこから，顧客の側が日常の生活や将来の生活において，いかなる問題を抱えているのかについて明らかにしていく必要があるのです。

　何らかの財に対する欲求や要望というのは，そのような課題を"その財によって解決できるのではないか"という期待に基づいています。その解決手段としての財の"有り様"の中核となるのが，その財の有している顧客にとっての「効用（utility）」なのです。たいていの国語辞典では，「効用」とは「役に立つこと」とか「効能」とか「人の欲望を満たす能力」などと説明されています。実はわれわれ消費者が通常，何らかの財に期待しているのは，あるいは真に"欲しい"とか"必要だ"と思っているのは，その財そのものではなく，その財が

与えてくれるであろう「効用」と考えることができるのです。

　この財から得られる「効用」とは，財が消費者に対して与えることになる何らかの価値であり，消費者にしてみれば“満足”の源泉となるものです[1]。たとえば，一昔前まで当然のように利用していたフィルム型カメラについて考えてみると，われわれ消費者は，それらの“道具”としての製品自体を必要していたわけではなく，「思い出や記録としての画像・映像を後々にまで残す」ということを主な目的として利用していたと考えることができます。したがって，そのような目的を実現するに当たって，デジタル処理によるカメラの登場は，より簡単に「思い出や記録としての画像・映像を後々にまで残す」ことができ，さらには，記録に対する加工や編集のしやすさという点が評価されたことで，従前まで利用していたフィルム型カメラに取って代わる存在として，消費者に広く受け入れられることになりました。現在では，そのようなデジタル処理によるカメラから，周知の通り，スマートフォンのカメラ機能による記録と編集，さらにはその画像や動画映像の他者への送信まででも行われるようになっています。

　このようなことからすると，われわれ消費者は，フィルム型カメラ自体が欲しかったわけではなく，それが提供してくれる“画像や映像を記録し保存する”という「効用」や，画像をプリントして友達に配ったりすることで，より一層のコミュニケーション関係を創り出したりするという「効用」を必要としていたのです。まして，スマートフォンであれば，写真だけでなく動画すらも簡単に多数の友達に瞬時に配信でき，またテレビ電話としての機能も備えて，一層のコミュニケーション関係の豊かさに繋げることができるのです。それゆえに，消費者にしてみれば，決して“カメラという物理的な製品”自体に固執しているわけではなく，「効用」の実現にこそ主眼を置いていると考えることができるのです。

　同様のことは，われわれが“音楽を聴く”方法にも現れています。“音楽を聴く”という欲求を満たすためには，昔であれば，レコード盤に刻み込まれた音情報をレコード針でなぞりながら，それをプレーヤー，アンプ，スピーカーといったオーディオ装置を通じてその再生音を聴くということをしていました。しかしよく考えてみれば，われわれはそれらのオーディオ装置という“道具”が必要なのではなく，音楽自体を聴くことができればよいわけですから，より

よい音質でより快適に，あるいはより安価に聴くことができる道具や手段が発売されたとしたら，それを選択し利用するのは当然のことでありましょう。今日では，デジタル信号化された音源を再生して，スマートフォンやパソコンなどで音楽を聴く，というライフスタイルが一般的となりました。もはや，レコードやCD，オーディオ装置といった各種物理的な製品に頼らなくても，ダウンロードによる音源の取得（購買）を通じて，日常的に音楽を楽しむことができる環境が存在しています。今では昔のアナログ型オーディオ装置は，そのような趣味を持つ一部の人たちの高価で趣味的な財となってしまいました。

　上述した例は，いずれも，われわれ消費者は，単に製品という物理的存在自体を欲して購買しているのではないということを示しているのです。したがって製品を捉える際に重要な点は，消費者はその製品が有する「効用」によって実現される価値を欲しているということであり，多くの場合，製品の購買が目的なのではなく，その効用実現の獲得に向けた手段としての製品を認識しているのです。すなわち製品とは，消費目的の実現に向けた手段として位置付けられるのです[2]。

2. 製品が有する効用とその種類

　さて，ここでは製品から得られる「効用」について，もう少し理解を深めていくことにしましょう。

　製品から得られる「効用」は，実質的には，大きく分けて2種類存在する，と考えることができます。1つは，「物理的な消費価値」としての効用であり，もう1つは「意味的な消費価値」としての効用です[3]。

　ここで言う「物理的な消費価値」としての効用（あるいは「物理的な効用」／「物理的有用性」も同義）とは，製品自体が有する機能や性能といった実利的な部分です。したがって，先の例を基にして考えると，フィルムを活用したカメラであれデジタル・カメラであれ，それらの製品における物理的な効用とは，製品が有する思い出を記録することができる技術的・機能的部分を指していることになります。当然のことながら，フィルムを活用したカメラとデジタル・カメラとでは，この物理的な効用を実現するための技術的な仕組みは大きく異

なることになります。また，レコード・プレーヤーであれば，レコード針が拾い上げた音情報を源音に再生すべくアンプに送る，ということが物理的な技術なのです。したがってわかりやすくまとめると，この物理的な効用とは，製品がその製品として名乗るために，あるいは製品を製品足らしめるのに不可欠な物理的・技術的な機能や性能の部分を指している，ということになります。時計が時計として名乗るためには，時を正確に刻むことが不可欠と言えます。したがって，その時計という製品を実現するために必要な技術的な仕組みや性能について言うのが，この物理的な効用の意味するところです。したがって，物理的効用は，品質，性能や機能に関して技術的水準が高ければ高いほど，効用に対する評価が高まると特徴づけることができます。

　次に，「意味的な消費価値」としての効用（あるいは「意味的な効用」／「意味的有用性」も同義）について見ていくことにしましょう。われわれの消費においては，物理的な効用以上に，この意味的な効用に重きを置いている場合が多いのも事実です。たとえば，音楽を奏でるための製品である「ピアノ」は，物理的な効用としての製品の技術品質のよさ，すなわち音質のよさが購買要因となるばかりでなく，ピアノが家庭にあるということが示す"豊かな生活の象徴"としての効用が重視されて購買される場合も多くありました。このことは，音楽に興味を持ちはじめ懸命にピアノを練習していた子どもが，やがて大きくなり，ピアノの練習に時間を割くことができなくなってしまった後でも，そのピアノを処分せずに，家庭の中の"家具"として大切に保管されていたり，懸命に練習に励んでいた子どもの姿を思い出し懐かしむための存在として大切に保管されていたりする，といったことからも理解することができます。そのようなことからすれば，ピアノという存在は，単なる音楽を奏でる楽器としての機能以上に，社会的・家庭的・個人的な意味を多分に有するものと言えるでしょう。

　また，このような意味的な効用というのは，自動車を見ても，たとえば高級自動車が購買される時，多くの場合，購買する人々にとってみれば，高級車が有する技術性能や走行性能のみならず，ステータス・シンボルとしてその高級車を評価し選択している，といったことからも理解ができます。高級外車はその典型例と言えるでしょう。また，特に女性を消費対象としたような衣服，ハ

ンドバッグ，靴といったファッション・アイテムや化粧品などは，その物理的な効用である品質や性能の部分に加えて，そのブランド自体が持つ“意味的な効用部分での消費”が強く意識されやすい製品だと言えます。同様のことは，家電製品等を見ても言うことができます。各製造業者が，時を同じくしてほぼ類似の技術・機能を搭載した製品を市場に出したとしても，消費者の心の中に蓄積されてきた製造業者に対するブランド・イメージの“差”によって，製造業者間でそれら製品の“売れ方の違い”が見られることは，往々にしてあります。したがって，これらの例が示していることは，製品を捉えるときには，その物理的なモノとしての製品の背後に隠れている部分にも焦点を当てる必要があるということでしょう。

　以上のことからすると，あらゆる製品には「物理的な効用」と「意味的な効用」との双方が内在していると考えられますが，これらに関しては，次の3点に注意する必要があります。

　1つめは，稀に，両者いずれかの効用のみによって成立している製品が存在するということです。たとえば，神社などで購入する「お守り」や「お札」などは，物理的な効用の実態はなく，100%意味的な効用のみで成り立っています。したがって，われわれは意味的な効用としての消費価値を購買していることになるのです。一方，コンビニエンス・ストアで購入する「ビニール傘」は，100%物理的な効用のみを頼りに利用していることが多いと言えます。すなわち，消費者にとってみれば，雨露をしのげさえすればそれでよいのであり，破れやすさや壊れやすさといった耐久品質について話題に上ることはあるにせよ，特定の製造業者のビニール傘を持っていることを理由に，憧れの対象として見られたり，羨ましがられたりすることなど，ほとんどないでしょう。したがって，せっかく購入したビニール傘を，たとえどこかに置き忘れるようなことがあったとしても，意味的な効用が極めて少ない分，また非常に安価であることから，多くの消費者からすれば，また別のビニール傘を入手することで雨露をしのげればそれでよい，という感覚を持っているのではないでしょうか。

　2つめに注意することは，意味的な効用というのは，その意味了解は歴史的文化的特性に左右されるということです。具体的には，意味的効用とは，「特定の地域なり社会なりに歴史的文化特性として規定された『社会的価値システ

ム』」（大友，2014b，137頁）を前提に，われわれが生活する社会一般の人々が認識するところのものとなるのです。それゆえに，社会が変われば，その効用に対する認識や評価が大きく変わるということになります。

　ここではわかりやすく，バレンタイン・デーやお中元・お歳暮といった贈答シーンについて見てみましょう。日本という地域においてバレンタイン・デーは，贈答品としてチョコレートが用いられ，多くの場合，女性から男性への日常的な感謝や，特定の人に対する愛情表現の機会として捉えられています。すなわち，チョコレートの贈答には，物理的な製品としての贈り物という存在以上に，そのチョコレート自体に，感謝の気持ちの表現や，愛情の告白としての表現といった意味を託した贈り物として，その受け渡しがなされているわけです。もちろん，同僚同士や友人同士で行われるチョコレートの贈答（いわゆる，義理チョコや友チョコ）も含めて，チョコレートという物理的な製品の贈答行為を通じて，同僚に対する日頃の労いや感謝，または，友人に対する日頃の感謝，もしくは友人同士であることの証や絆の確認，といった意味やメッセージを託して，その象徴としてチョコレートを贈っていることになります。

　しかし，所変わって文化が異なると，バレンタイン事情も変わってきます。たとえば，タイや台湾においては，バレンタイン・デーにチョコレートを贈るという文化風習はなく，男性から女性へバラを贈るというのが一般的なようです。そのような文化を有するタイや台湾においては，チョコレートを相手に贈るということが何を意味するのか，という意味了解の共有がなされていないため，日本の文化のように2月14日にチョコレートを贈ったところで，贈られた側が日本においてと同様の意味やメッセージを認識するということは，まずないでしょう。

　今度は，お中元やお歳暮といった贈答について見てみましょう。今でも，お中元やお歳暮を贈る場所として圧倒的な支持を得ているのは，やはり百貨店です。もちろん，ビールや有名なお菓子など，贈答品としての製品のみに着目するのであれば，近所の酒屋やスーパーマーケットでの取扱いもあるでしょうし，現代であれば，ドラッグストアやディスカウント・ストアといった業態店でも，贈答品自体は購入・発送することができるかもしれません。しかし，われわれが有している社会的価値システムにおいては，百貨店という場所から贈られ，

またその証としての包装紙にこそ意味的な価値が認められるのであり，それは，スーパーマーケットやドラッグストア，ディスカウント・ストアの包装紙から受取る意味やメッセージとは，相当程度異なると言えます。

　すなわち，われわれの社会一般においては，百貨店の包装紙に包まれた贈答品から，意識的にも無意識的も，百貨店特有の品質のよさ，丁重さ，誠実さを連想しているのであり，その包装紙を象徴に，贈り主からの誠意ある心のこもった感謝や御礼の意味表現を見出しているのです。ここにこそ，同じ製造業者のビールといった製品でも，安売り店から発送された贈答品からは決して受け手が汲み取ることができない，百貨店でこその贈答品が購入されることによる意味や目的があるのです。この点において，特定の地域なり社会なりが歴史的文化的特性として有してきた社会的価値システムを理解することの重要性が指摘されるのです。まさに贈答品というのは，人と人とのコミュニケーション関係をより豊かにするための「手段財」，あるいは明確に「コミュニケーション財」と言ってもよいのかもしれません。

　最後に3つめの注意としては，「物理的な効用」と「意味的な効用」については，販売対象とする相手によって，重視する効用のバランスが異なるという点が挙げられます。一般的には，個人や家庭を販売対象とする消費財の場合には，物理的な効用よりも"意味的な効用を重視"する場合が多いと言えます。他方で，組織を販売対象とする産業財の場合には，意味的な効用よりも"物理的な効用を重視"する場合が多いと言えます[4]。これは，産業財の場合，当該産業財が組み込まれることになる組立品や完成品，あるいはサービス提供において，その品質面において直接的な影響を及ぼしかねないという理由によります。

　第5章2.および**第8章4.**でも述べられるように，産業財自体には，製品形態変換という新たな価値増幅に向けた生産行為に投入される資源財としての手段的価値が重視される，という購買特質があります。それゆえに，購買取引をしようとする産業財にどれだけ知名度があるのかといった側面よりも，たとえ知られていない製造業者やブランドであったとしても，性能面・機能面・価格面・耐久性・品質安定性といった項目の方が，資源財としての価値をもたらすと評価され，最終的な購買意思決定がなされるといったことも大いにあるのです。

いずれにしても，消費財と産業財においては，購買者によって重点が置かれる
効用のバランスに違いがあると言えます[5]。

3. 増分効用とプロモーション費用の関係

　前節までで様々に述べてきた，「物理的な効用」と「意味的な効用」につい
て改めて述べると，企業が提供する財を通じて消費者に与えられる両効用にこ
そ，消費する側にとっての「消費目的」がある，と言うことができます。以下
では，「物理的な効用」と「意味的な効用」とを含めた形で「効用」と表し，
記述していくことにします。

　「効用」について考えるとき最も重要となるのは，当然ながら新製品開発時
においてです。これは，市場に投入された新製品の成功度合いが，従来品と比
較した時のその "効用の大きさ" に関係するためです。ここでは，従来品と比
較した時に増える効用の大きさのことを「増分効用」と表現します[6]。したが
って，従来にはない画期的な新製品であればあるほど，その増分効用の程度が
大きくなるということになります。図表4-1は，新製品の「驚き（技術）の程

図表4-1　製品の需要特性とプロモーション費用

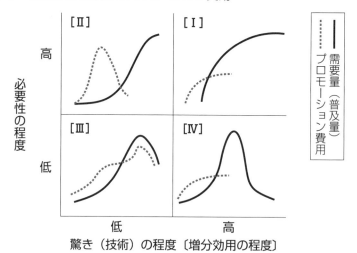

出所：大友（2002, 172頁；2015b, 15頁）。

度／増分効用の程度」が大きいか小さいかについて横軸で表し，「必要性の程度」が高いか低いかについて縦軸で表したものです。これを見るとわかるように，製品の普及の仕方，すなわち製品の売れ方とプロモーション費用の関係が，それぞれの特質によって異なることが理解できます。

(1) 第Ⅰ象限の特質

　第Ⅰ象限に位置付けられるものは，従来の認識では考えられもしないような誰もがアッと驚くような新製品で，しかも，日常生活における必要性の高い製品です。たとえば，電気炊飯器，電気洗濯機，電気掃除機といった白物家電や，テレビやポータブル・オーディオ・プレーヤーといったオーディオ・ビジュアル家電が世の中にはじめて登場した状況を連想すると，わかりやすいかもしれません。先に挙げた白物家電が登場する以前の暮らしは，竈やガスでご飯を炊く時代であり，朝早くから火を起こして火加減を調整しながら，ご飯が炊き上がるまでの間，つきっきりだったのです。また冬でも盥を使って冷たい水で洗濯をしたり，あるいは掃除をするにしても，畳を箒で掃いたり，濡れ雑巾で拭いたりするのが当たり前の時代でした。そのような暮らしをしている状況にあって，スイッチ1つでご飯が炊けたり，洗濯ができたり，掃除ができたりする，といった製品が登場したとすれば，どれほどの驚きを受け，家事労力に対する削減への期待と憧れを持ってこれらの製品を見たことでしょうか。

　また，従来であれば，ラジオを通じて耳で聴くしかなかった野球中継や相撲中継が，あたかもその場にいるかのような映像を観ながら楽しめるテレビが登場したり，あるいは，屋内に設置されたオーディオ装置や大型のラジカセを通じてしか聴くことのできなかった音楽が，SONYの「ウォークマン」という製品の登場によって，手軽に外に持ち出せるようになったりした時の驚きは，どれほどのものだったでしょうか。このような製品の多くは，日常生活においてなくてはならない必要性の高い製品として定着しているものばかりです。

　このような特徴を持つ第Ⅰ象限に位置付けられる製品には，大きく3つの特徴があります。その1つめは，値段が少々高くても売れるということです。先に挙げた家電製品は，時代を遡る形で，いずれも市場にはじめて登場したときの状況でしたが，たとえば，電気炊飯機においては，当時の大卒初任給の1/3

程度の値段だったようです[7]。現代において考えるのであれば，各家庭におい
てパソコンが普及するきっかけを作った「Windows 95」や「Windows 98」の
時代のころ，あるいは「iPhone」や「iPad」がはじめて登場したころを思い返
して見ると，理解しやすいかもしれません。「Windows 95」や「Windows 98」
のころに各家庭で買われたパソコンは，記憶によれば，30万円以上するような
値段が付けられていましたし，「iPhone」についても，今では考えられないス
トレージ容量が4GBのモデルでも，6万円程度の値が付けられていました。
しかし，このように高値が付けられていたとしても消費者が飛びついていくの
が，第Ⅰ象限に位置する製品の特徴なのです。

　次に2つめの特徴は，消費者からの問い合わせが発生するということです。
すなわち，この第Ⅰ象限の製品は，マス・メディアが「パブリシティ」[8]とし
てニュース報道をしてくれると，その増分効用の大きさと必要性の高さによっ
て，消費者が積極的な反応を示すという特徴が見られるのです。これは取りも
直さず，売り手である企業がプロモーション費用をかけなくても，消費者が相
応の反応を示してくれるということを意味します。第Ⅰ象限の図を見ると，こ
こで示されているプロモーション費用は，他の象限におけるそれとは比べ物に
ならない位に小さいことがわかり，さらには，プロモーション費用を投入する
期間の短いことがわかります。したがって，ここでのプロモーションの特質は，
少しの情報露出によって相応の消費者反応が得られるという意味で，費用対効
果の大きさが顕著に現れる特徴があると言えます。

　近年では，お米の粉でパンを作ることができる「GOPAN」という製品が，
消費者からの問い合わせが殺到するとともに，予約受付中止，発売延期といっ
た事態が発生したことは記憶に新しいところです[9]。小麦アレルギーを持つ子
どもを抱える家庭にとって，同じ食べ物で食卓を囲むことができない辛さ，あ
るいは，美味しいものを家族で共有することができない辛さといったら，どれ
ほどのものでしょうか。このような悩みを抱える家庭にとって「GOPAN」と
いう製品は，まさに首を長くして待ち望んでいた製品であり，それが登場する
といった情報が出た瞬間に，驚きのある増分効用の高い製品として迎えられま
した。それゆえに，パブリシティを通じて情報が流されると同時に，関係各所
に対して問い合わせが殺到するという現象が発生したのも，十分うなずけるこ

とでしょう。この製品が少々高い値段であるにもかかわらず，予約注文受付が中止されるほどに消費者・市場に受け入れられたというのも，納得がいくものと言えます。

　最後に3つめの特徴としては，第Ⅰ象限で言うところの効用の程度の高さというのは，必ずしも技術的な複雑さをともなう必要はないということです。先程例として挙げた「ウォークマン」は，従来のカセット・テープ・レコーダーから録音機能部分とスピーカー部分を取り除き，再生機能部分とイヤフォンだけの構造に簡素化することで，必然的に，小型化に成功したものでした。また，駅の売店や観光地で低価格で買うことができ，売れに売れたレンズ付きフィルムの「写ルンです」も，フィルムが入った箱にプラスチック・レンズを取り付けただけの製品であり，従来のフィルム・カメラの機構からすれば，圧倒的に簡素化されたメカニズムの製品でした。要するに，ここでの効用の高さというのは，人々がどれだけ"驚き"をもって受け入れたか，ということが問題になるのです。

(2) 第Ⅱ象限の特質

　次に，第Ⅱ象限について見てみましょう。この象限に位置付けられる製品は，人々がそれほど驚かない製品であるものの必要性が高い製品であるがゆえに，徐々に普及していくことになる製品です。たとえば，現代ではスマートフォンの買替えについて思い起こすと，理解しやすいかもしれません。この第Ⅱ象限に位置する製品の特徴は，従来の製品と比べたときの驚きや効用の高さを築き上げることができない分，消費者にしてみれば積極的な買替えやブランド・スイッチ（類似する競合ブランド間での乗替えや切替え，購入するブランドの変更）を起こす理由が見つけにくい製品ということになります。モデル・チェンジが頻繁に行われているスマートフォンについても，大局的に見れば，モデル・チェンジが行われたところで機能的変化はほとんど見られず，操作上の問題改善といった漸進的な機能進化が見られる程度です。このような例は，何らかの基本的機能変更が行われていないにもかかわらず，毎年のように新製品と銘打って登場する季節家電も該当するでしょうし，数年間隔で行われる自動車のマイナーチェンジも該当すると言えるでしょう。

　したがって，プロモーション費用との関係について見てみると，消費者からすれば，日常的に必要であること以外に購買理由が見出しにくい分，多額のプロモーション費用をかけて，当該製品が有している効用や旧来品との違いについて，たとえそれらがわずかな変化しか見られないにせよ，積極的に理解を促進させていく必要が出てくるのです。そして，そのようなプロモーションの成果として，当該製品に対する効用の（再）認識や，買い替えることの理由や必然性が認識されるにつれて，ようやく普及していくことになるのです。

　よく考えてみると，防災バッグが何らかの災害発生後に爆発的に売れるという現象を引き起こすのも，この象限に位置付けられる特徴を持っているためかもしれません。防災バッグの中に収容されているものは，家庭内に点在するものばかり（軍手，タオル，救急用品，ラジオ，懐中電灯，乾電池，充電器，缶詰・レトルト食品，水，等々）ですが，緊急時には必要不可欠となるものです。それらは，家庭内において日常的に目にするものであるがゆえに，一堂に集合させ一まとめにして保管しておくことの重要性は，さほど認識されないものです。しかし，災害というある意味での情報発信（プロモーション）がなされたことによって，ようやく，防災バッグとしてそれら必要財が集約されていることの効用の高さや使い勝手のよさが（再）認識され，防災バッグが急速に売れはじめるという現象が発生するのです。

(3) 第Ⅲ象限の特質

　今度は，第Ⅲ象限について見ていきましょう。この象限に位置付けられる製品は，カップ麺に代表されるように，それがたとえ新製品であったとしても，誰かしらが驚くほどのものではなく，しかも必要性の程度も低い製品です。ここでの製品の特徴は，消費者からすれば積極的な購買理由がほとんど見当たらないため，消費者との絆作りが難しく，固定客化させることが困難になる，という特徴が挙げられます。したがって，この象限に該当する製品というのは，多くの場合「コモディティ化」している製品が多いのも事実です。

　ここで言うコモディティ（化）とは，消費者から見た時に，当該製品と競合他社製品との違いが見出しにくい状態にあるため，当該製品に対する積極的な指名買いがなされることなどなく，購買意思決定の基準が，どれほど低価格を

提示しているのか，という点に定められてしまう製品のことを言います。つまり，コモディティ（化）とは，コスト・パフォーマンスという経済的合理性基準に重点を置いた購買意思決定がなされてしまう製品のことを言うのです。

　元々は，このコモディティとは，「自然界から得られる産物」を指す用語で，加工されずに自然界から産出された状態であるがゆえに，極めて代替可能なものとして特徴づけられるものを言います（パインⅡ＆ギルモア，2005，20頁）。そのような，自然界に存在する鉱物資源や農林畜水産物における商品特徴と同じ状況が，われわれ消費者が購買する製品にも発生していることから，コモディティ（化）という用語が使用されるようになりました[10]。

　一般的に，コモディティ化している製品において消費者は，市場シェアが高く知名度が高い製品，あるいはその製品カテゴリーにおける定番商品を選択する傾向が見られます。その理由は，そのような製品を選択しておきさえすれば，購買の失敗を高確率で避けられるからです。したがって，自然の成り行きに任せておくと，そのような知名度が高い製品や定番商品に需要が集中してしまうことから，通常，この第Ⅲ象限に位置する製品は，想起してもらうためのリマインダー広告（広告の受け手である消費者に対して，自社の製品やサービスの存在について再認識してもらったり，あるいはその製品やサービスについてのイメージや消費経験を思い出してもらったりするために投下される広告）を積極的に展開し続けていくことになるのです。

　このことは裏を返せば，広告等のプロモーション活動を止めてしまうと，その製品の需要が落ち込んでしまう，ということを意味するのです。第Ⅲ象限のプロモーション費用が高い水準でかかり続けているのも，このような理由が存在するためと言えます。思い出してみると，われわれが日常的に目にするテレビCMも，清涼飲料水などは一年中CMが流されていますし，少しでも自社の製品に目を向けてもらうべく，期間限定商品（パッケージ・デザインの変更，味やフレーバーなどバリエーションの追加，コラボレーション企画，など）を登場させて，定番商品から一時的にでも需要を奪おうと努力していることがわかります。

(4) 第Ⅳ象限の特質

　最後に，第Ⅳ象限について見ていきましょう。この象限に位置付けられる製品は，増分効用が高いことから，市場に登場すると，消費者が驚きをもって迎え入れることになるものの，しかしそれほど必要性が高いものではないことから，やがて需要を維持することが難しくなる製品です。したがって，この象限での製品は，技術的にも目新しい製品，あるいは従来には見られなかった驚くような特徴を有した製品としてマス・メディア等で話題にしてもらえる分，プロモーション費用もさほどかけずして一気に需要が伸びるものの，何しろ必要性の程度が低いことから市場にすぐに飽きられてしまい，需要が急速に下がってしまうという特徴を有するのです。

　それゆえ，この象限に位置する製品の消費のされ方とは，製品が目新しく映ることから，いわゆる“お試し買い”が発生するものの，それに留まってしまい，一過性の流行やブームに終わってしまう傾向が多く見られるのです。いわゆる「製品ライフ・サイクル」が短命に終わってしまう製品というのは，この第Ⅳ象限に位置付けられる製品です。この第Ⅳ象限の製品には，遊びをはじめとする娯楽製品に多く見られ，フラフープ，ルービックキューブ，インベーダーゲーム，たまごっち等々，あるいはアイドル・タレントなども，その例として挙げられます。どれも一気に普及した製品であるがゆえに“売れた”製品としての印象が強く残っていますが，一時的なブームで終わってしまっていたことが多いのも事実と言えるでしょう。要するに，ヒット商品として一気に需要が伸びたにもかかわらず，ロングセラー化に結実し得ないのが，この第Ⅳ象限に位置する製品なのです。

　このような特徴を有する第Ⅳ象限の製品は，さらなる投資を行うことで，より高度な技術を用いて製品をリニューアルしたとしても，一般的に，その投資回収を可能にするほどの売上を期待することは困難となります。何しろ，需要の維持が困難なのです。したがって，競合他社がブームに便乗することで二番煎じ的な模倣製品で追随してきたとしても，たいていの場合，市場の熱は急速に覚めてしまうため，その競合他社は，十分な利益を確保するまでに至らない場合が多いのです。

　このように，需要の維持が困難であるとすれば，先発企業は当該製品への先

発優位性が見られる段階，すなわち需要がピークに達する前段階までの間において，創業者利益を獲得できたと判断された時点で当該製品の市場撤退を決断し，そこで得た収益を，次なる新製品開発・新規事業開発のための開発費用として充てるようにした方が賢明だと言えることになります。流行や一過性の強いブーム製品は，製品ライフ・サイクルが短命である分，次なる製品を登場させ続けることができなければ，競合他社がけしかけてくる次なる流行やブームによって，あっという間に市場を奪われてしまいます。したがって，この第Ⅳ象限に位置付けられるような製品を市場に出すということは，常に新製品・新規事業を開発していく必要に迫られることになるのです。

4. 必要財としての認識をもたらす「製品コンセプト」の重要性

　多くのテキストで論じられているように，製品開発において最も重要とされ，また製品開発の核心として認識されているのが，「製品コンセプト」の創造です。マーケティングのテキストにおいては，この製品コンセプトについて，製品の方向性を定めるテーマとして認識されていたり，あるいは，市場ニーズを基に製品の基本的な仕様について定めるものと説明されたりしています。本節では，多様に解釈されている「製品コンセプト」に対して，そのコンセプト創造の視点と考え方に一定の方向性を提示すべく，本質的な考察をしてみたいと思います。

(1) 製品コンセプトの考え方とその重要性
　われわれは，製品コンセプトとは，「製品の効用がもたらす消費価値について特徴的に示す」ものと捉えています。具体的には，「製品の品質や性能などの特質が，消費者の生活の中でいかなる役割を果たすのかについて，他の製品との差別的な本質について明示化するもの」と捉えています（このような捉え方の詳細については，上原（1999）の36-39頁，および大友（2014a）の97-101頁を参照してみてください）。ここで極めて重要なことは，製品コンセプトは，競合他社製品や従来品との"差別的な本質"が表現されていなければならないということです。

　製品コンセプトとは，当該製品と消費者とが出会う必然性について意味付けるもの，と言っても過言ではありません。その理由は，製品コンセプトは，当該製品の有する効用が，あなたにとってなぜ価値あるものとなるのか，あるいは，当該製品を購買することが，あなたにとってなぜ必要となるのか，ということについて明示化することで，消費者が当該製品を選択・購買することの意義，理由，根拠を提示することになるからです。したがって，この製品コンセプトの創造において，従来品や競合他社の同類代替製品（類似製品）との"違い"を提示することができなければ，消費者が当該製品を選択・購買することの意義等について認識することが不可能となるのです。

　それゆえに，もしも消費者が，その製品を選択・購買することの意義について理解できない状況を招いているとすれば，その製品が設定した製品コンセプトが，元来コンセプトとして成立していないということになるでしょう。現代のように同類代替製品が数多くひしめく競争状況において，製品コンセプトが担う役割は，より一層大きなものとなっています。製品コンセプトが，他の製品との"違い"を表現し，当該製品を選択することの意義を知らしめる，という役割を担うことができていないとすれば，いとも簡単に競合他社製品が選択されてしまうという現実が待ち構えているのです。ここにおいて，製品の"売れ行きを左右する存在"としての製品コンセプトの重要性があるのであり，差別的優位性を構築するための本質的視点をもたらす製品コンセプト創出の重要性が認識されるのです。

　われわれが「製品コンセプトの創出が最も重要だ」と強調するのは，差別的優位性を構築するための本質的な部分であるとともに，さらには，ブランド化の重要な視点である「当該製品と消費者との絆や結び付き」に関係する，と考えているからです。他の製品と差別化されたコンセプトを有する製品というのは，それが消費者の生活戦略上有用なものとして，その消費価値の高さが認められた時，当該製品は消費者にとってはなくてはならない製品として認識されることになります。すなわち，"代替財の中の「一製品」"という認識から，その消費者にとって"必要性の高い「特定製品」"としての認識に変容することになるのです。この関係は，「普通名詞」と「固有名詞」との関係によく似ています。

図表4-2　製品コンセプトに秀でた製品例

「GLOO（グルー）スティックのり」　　「キャンパスノート（プリント貼付用)」　　「おくすり飲めたね」「らくらく服薬ゼリー」

「液体ブルーレットおくだけ」　　「キュキュットCLEAR泡スプレー」　　　　　　「ヒートテック」

写真提供：（上段左より）コクヨ，龍角散。（下段左より）小林製薬，花王，ユニクロ。

　ロングセラー化するヒット商品というのは，消費者に対して必要性の高い製品，すなわち必要財としての認識の構築に成功することからはじまります。図表4-2に示している製品は，そのような製品コンセプトの秀逸さによって必要性の高さが認められ，現在でも売れ続けている製品の代表例です。

　ここで強調しなければならないことは，これら"売れている"製品はいずれも「製品利用者に対する問題解決」に寄与する特徴を持っているということです。すなわち，製品コンセプトが"コンセプトとして成立する"という状況を生み出すためには，その「製品がどのような役割を果たす効用（消費価値）を有しているのか」について明示化されている必要があると言えます。より具体的には，この製品は利用者（消費者）に対して，「どのような願望（〜したい，〜でありたい，〜であればいいなあ）を叶えることになるのか」，あるいは「どのような問題を解決することになるのか」という視点から，製品コンセプトが

検討されている必要があるということです。

　したがって，同類代替製品との差別的本質をもたらす効用（消費価値）の正体とは，消費者が現在有している願望の実現に向けて，当該製品はいかなる問題の解決を与えることになるのか，すなわち「消費者に与える問題解決としての消費価値」について表現するその視点にこそあると言えます。換言すると，この製品は「消費者が有するいかなる問題に着目をして，その解決に向けた支援・貢献をするのか」という解決対象とするその視点にこそ，当該製品が有する効用がもたらす消費価値としての差別的本質の実態があるのです。

　たとえば，昨今ヒットしているコクヨの「GLOO（グルー）スティックのり」は，従来の丸型スティックのりでは，紙の四隅にきっちり糊付けしようとしたとき，下に紙を敷くことでしか隅々にまで糊付けできない，という悩み（不便さ）がありましたが，スティックのりの形状を四角にすることによって，その問題を解消することに成功しました。それにともない，転がりにくく，スティックのり自体も握りやすい，という使用価値も得られることになりました。また，同じくコクヨの「キャンパスノート（プリント貼付用）」は，中高生の利用を想定し，授業で配布されるB５サイズのプリントを，ハサミで周囲を切ることなく直接貼れるようにノートサイズを見直したことで，中高生にとって必要性の高い製品となりました。

　そして，龍角散の「おくすり飲めたね」や「らくらく服薬ゼリー」は，薬を飲むのが苦手な子どもや，嚥下力の弱い高齢者にとって，薬を飲むときの苦痛を和らげるためのなくてはならない必要性の高い製品となりました。あるいは1986年に誕生した小林製薬の「ブルーレットおくだけ」は，頻繁に行うことが億劫なトイレ掃除に対して，掃除回数の削減に寄与することで，家事労働の肉体的精神的負担軽減になくてはならない製品として，今や30年以上のロングセラー商品となりました[11]。その他，花王の「キュキュットCLEAR泡スプレー」は，従来の食器用洗剤によるスポンジ洗浄では洗いにくかったお弁当グッズ，ミキサーの刃，ストローなどに対して，泡を吹きかけることで洗浄効果をもたらすという効用によって，洗いにくい箇所でも洗浄でき清潔さが保てるという消費価値を与えることで，なくてはならない洗剤となりました。発売当初から売れ続け，この製品が異例のヒット商品となったことは，記憶に新しいところ

です。

　ユニクロの「ヒートテック」という商品もまた，コンセプト創出の秀逸さによって成功したと言っても過言ではありません。「ヒートテック」とは，いわゆる「保温性機能下着」にすぎない商品です。しかし，製品が有する保温機能の優秀さを売るのではなく，「冬場は防寒のために厚着をしなければならず，ファッションを楽しむことができない」という悩みや問題に焦点を当てたことによって，「ヒートテック」を着用することによって薄着で冬場を過ごすことができ，さらには，冬場でもファッションを楽しむことができる，という消費価値を創出することで成功したのです。コンセプトは，「冬場でも薄着で新しい着こなし」と設定されました（岸谷，2016）。

　上述した製品はいずれも，製品利用者（消費者）に対しての消費価値の創出に成功することで，消費者から〝何らかの問題解決に繋がる，なくてはならない必要性の高い製品〟として認識されるに至ったものです。そのような意味からすれば，秀逸なコンセプト視点を創出したと言えるでしょう。このような例からも明らかなように，製品コンセプトとは，単に製品の方向性を示すものとか，製品アイディアを具体的に表現するもの，などといったレベルで議論されるものではないことが，理解できるのではないでしょうか。製品コンセプト創出の視点こそが，その製品の売れ行きを決定づけると言っても過言ではないのです。ここにこそ，われわれが「製品コンセプトの創出が製品開発の核心である」とし，その創出視点がいかに重要であるのかを強調する理由があるのです。

　製品コンセプトとは，まさに，消費者が購買する〝真の購買対象〟である，と考えることができます。すなわち，製品コンセプトとは，消費者が真に購買しているところの実利的正体なのです。詳述すれば，本章1.でも触れたように，消費者は，一見すると製品という物理的存在を購買しているかのように見えますが，その製品という手段を通じて得ているコンセプトを，すなわち，製品の効用がもたらす問題解決としての使用価値や消費価値を購買しているのです。そうであるとすれば，マーケティングにおいて次なる課題として浮上するのが，消費者にその製品コンセプトの有用性を理解してもらい，消費価値のあるものとして認識してもらうためのアプローチ方法であるプロモーションとしてのコミュニケーション問題となるでしょう。

(2) 製品コンセプトを表現する４Ｐ

　一般的に消費者は，製品についての品質や性能に関する専門的な知識を十分に有している存在ではありません。そしてそのことは同様に，製品が有している効用が消費者にとってどのような消費価値をもたらすことになるのか，という情報に関しても当てはまると言えます。したがって，消費者は単に製品が目の前に提示されただけでは，それが自身にとってどのように役立つことになるのかについての認識や，その製品の適切性に対する的確な判断がつかないことも多いのではないでしょうか[12]。もちろん，ここで述べたことは，消費者によって，その製品に関する有用性等についての認識が異なるかもしれません。それは，消費者それぞれが今まで得た知識・経験・学習の程度が違うことからも，容易に推察することができます[13]。しかし，このように消費者の認識状況に違いはあるにせよ，問題となるのは，売り手としての企業がせっかく秀逸な製品コンセプトを創出したとしても，その製品コンセプトや消費者にもたらされる消費価値について，多くの消費者に的確に理解されないのであれば，マーケティング戦略成果を生み出すことなど極めて難しいということです。

　消費者に対して製品コンセプトを理解してもらおうとするとき，それは消費者側に対して，製品の効用が与えることになる消費価値について，その差別的本質を五感的（視覚，聴覚，嗅覚，触覚，味覚）サインとしてわかりやすく表現することからスタートします。特に，消費財においては，同類代替集合としての競合製品が数多く存在するため，小売店頭・店内の陳列棚に競合他社製品が同列に並べられた状況において，的確に自社製品を選択させるための工夫が必要になります。したがって，消費財製造企業にしてみれば，製品コンセプトとして設定した消費価値が的確に伝わるようなネーミングやパッケージ・デザインの表現はどうすればよいのか，その製品がもたらすことになる消費価値に見合う価格はどれほどが適正となるのか，製品が陳列されることになる小売店頭においてどのような売場表現展開を行えば消費価値に対する理解が促進されるのか，といったことを検討する必要性が出てくるのです。

　また近年では，プロモーション行為を展開するにあたって利活用可能なメディアも，豊富化してきている状況にあります。新たなメディアを利活用する際には，メディアが有する特性を十分に吟味したうえで，消費価値等を知らしめ

たり理解させたい対象者に"的確に届くメディアを選定"し，その対象者の心理的認知状況に基づいた"コミュニケーション活動としての情報創造努力"をしていくことが要求されます。

　上記で列挙したような具体的な表現というのは，いわゆるマーケティング・ミックス変数として知られている「4P」そのものです。具体的には，4Pとは「製品（Product）」・「価格（Price）」・「プロモーション（Promotion）」・「流通チャネル（販売店）（Place）」のことを指しています。ここで重要となるのは，上述した4Pは，個別に検討されるべき事項ではなく，製品コンセプトと連動していなければならないということです。すなわち，4Pとは，製品コンセプトを表現する手段として位置付けられるものであり，したがって，製品コンセプトによって決定され，整合される存在なのです。それゆえに，広告表現やテレビCMの映像表現も，コンセプトにふさわしいものでなければなりませんし，販売価格も，その悩みの解決の重要度に合わせた価格設定がなされることになります。当然ながら，販売場所も，コンセプトに従う形で，その製品の対象となる買い手にとって，求めやすい小売店が選定されなければならないのです。

　もちろん，製品の場合だけでなく，サービス財の提供や小売店の場合においても，同様のことが言えます。たとえば，健康ランドの「サービス・コンセプト」の設定に際して，単に「健康を回復する場所」とした場合と，「肉体に関する変身欲求を満たす場所」とした場合では，提供するサービスの内容が大きく変わることになるでしょう。変身欲求を満たすというのであれば，限りなくそのサービスの内容は，エステティック・サロンに近づくことになるはずです。また，百貨店がその「ストア・コンセプト」の設定に際して，単に「高級な商品が置いてある場所」とした場合と，「母と娘のコミュニケーションを回復する場所」とした場合とでは，その店内構成や売場作り，品揃えの仕方など，マーケティング展開のすべてが異なることになります。このように，コンセプトが決まれば，その表現手段である4Pは，自動的に決まることになるのです。

　この製品コンセプトと4Pとの関係において，特に注意しなければならないことは，製品コンセプトの設定に従って，消費者が手にする物理的存在としての製品の姿も変化するということです。ここでは，製品コンセプトを設定することによってはじめて，その願望や問題解決を実現するために必要な，製品の

具体的な姿を描くことができるという考え方をしています。ここで言う製品の具体的な姿を描くとは，ビジュアル・デザインとしての姿や外観をはじめ，製品の品質・性能・機能・材質等に関する物理的有用性，さらには，使用時におけるデザイン設計や感性工学的検討などを指しています。この製品コンセプトの具現化については，「製品の技術的アイディア」と表現されますが，ここではその「製品の技術的アイディア」すらも，製品コンセプトに従う表現手段であると認識することに注意を要します(14)。したがって，製品コンセプトとは，4P変数の１つである「製品（Product）」よりも上位にある概念として認識されることになるのです。

　また，製品が与えることになる消費価値を的確に伝えるという意味では，特にネーミング・センスが非常に重要になると言えます。図表４-３に挙げられた製品はいずれも，製品が消費者にもたらすことになる消費価値について，一瞬でしかも的確に伝わるよう，巧みなネーミングが付けられたものばかりです。

　子どもを雑菌から守りたいと思っている母親の問題解決を表す「キレイキレイ」。転んだ程度では骨折しないような丈夫な子に育ってほしいと思う母親の願いが込められた「毎日骨太」。少しでも脂肪を減らして健康的な生活を送りたいという人々の願望が表現されている「ヘルシア」。少しでも早く熱を下げたいという苦痛に対する解決をイメージさせる「熱さまシート」。苦手な野菜をできるだけ手軽に摂取して健康的になりたいという願望を叶える「野菜一日これ一本」等々。ここで取り上げられているケースは，それぞれの製品が与えることになる問題解決としての消費価値が，ズバリ伝わるような表現が採用されています。特に，「キレイキレイ」というネーミングは，母親が子どもに向けて話す言葉そのものと言えます。このようなネーミングを見た・聞いた瞬間に，子どもが使っても安心なハンドソープであることが一瞬で理解されるでしょうし，そのことは，パッケージ・デザインに描かれているキャラクターを見ても理解することができます。

　上記のケースの中には，ダジャレのようなものも含まれています。しかし，たとえダジャレのようなネーミングであったとしても，製品がもたらす消費価値の差別的本質が端的に表現されることで，買い手である消費者に的確に理解され，その必要性が喚起されるのであれば，むしろ巧みなネーミングとして有

図表4-3　製品名によるコンセプト表現

「キレイキレイ」

「熱さまシート」

「毎日骨太MBP®」

「野菜一日これ一本」

「ヘルシア」

写真提供：（上段左より）ライオン，雪印メグミルク，花王。（下段左より）小林製薬，カゴメ。

効となるのです。

5.「"販売を不要にする" マーケティング」が意味するところ

　かつて，アメリカの経営学者であるドラッカー（P. F. Drucker）が「マーケティングの狙いは，販売努力を不要にすることにある。顧客を知り尽くしたうえで，何もしなくても売れていくような，顧客にふさわしい製品やサービスを提供するのが，マーケティングの目指すところである」（ドラッカー，2008，180頁）と述べました。これは，いわゆる "マーケティングは販売を不要にすることである" という名言が述べられた部分に該当します。

　ここでの指摘の本意は，売り手が積極的に売込み活動（販売活動）をしなければならないような製品を開発するのではなく，消費者が自ら主体的に欲することになる製品を開発するということにあります（もちろん，サービスについて

も同様です）。すなわち，売り手の積極的な販売活動の展開によってしか売れない製品を開発するのは，マーケティングの目指すところではないということです。このような考えを基にすれば，模倣戦略を前提とした，同類代替財として埋没してしまうような製品開発を展開することは，本来マーケティングが担うべきところの製品開発ではないと言えるでしょう。

　同類代替財として一括りに認識されてしまう製品というのは，"コモディティ化した製品"そのものだと言えます。それゆえ，本章**3.**でも触れたように，いかに低価格を提示することができるのかという点において，当該製品の販売量・需要量が規定されることになってしまうのです。したがって，少しでも低価格化を免れようと画策するのであれば，製品の差別的本質部分についての"違い"が認識されない分，有名タレントを起用したプロモーション展開をすることで，外生的に創出される意味的な効用（意味的有用性）によって付加価値を付ける，という手法を採らざるを得なくなるのです。すなわち，タレントが有するイメージを製品イメージに転写させることで，少しでも製品に対する好意的イメージを形成することで，競合する同類代替財とのイメージの差（意味的有用性の差）によって売れ行きを確保する，という手法を採らざるを得なくなるのです。あるいはまた，少しでも多く製品情報に触れさせることで，その製品に対する関心や記憶を呼び起こすことを意図した，SNS上での情報拡散（口コミやバズ）を狙った話題提供に躍起にならざるを得ないのです。

　いずれにしても，低価格を提示することで販売量・需要量を確保するためには，その低価格を提示することが可能となる根拠としての仕組みが構築されていなければならないことは確かです。そのような仕組みの構築がなされていないのであれば，結局のところ，内部的外部的コスト削減による"体力消耗戦"に陥ることが目に見えているのです[15]。一方，そのような自体に陥ることを避けるべく画策した，有名タレントの起用による販売量・需要量の確保策も，自社の製品自体が評価されているとは言いがたく，結局はプロモーション上起用するタレントが評価されているにすぎないと言えるのではないでしょうか。

　このことは，タレントの人気の浮き沈みによって，その製品の売れ行きが左右されてしまうという現実からも理解することができます。いつの時代においても，その時々において一世を風靡する旬なタレントが多く起用される傾向に

あることは，少しでも販売量・需要量を多くしようとするための，せめてものリスク回避策なのかもしれません。

　また，SNS上での情報拡散を狙った話題提供においても，SNSというネットワーク空間上の構造特質からすれば，製品が本来ターゲットとする消費者に対して的確に情報が届いている保証などどこにもないのです。そもそも，同様に情報拡散を狙ったSNSでのプロモーション展開をするコモディティ化した製品など数多く存在することから，その情報がどれほど消費者の記憶に留められているかなど，全くの未知数としか言いようがないのです。また，現実として，企業のSNSでのプロモーション成果が，フォロワー数をはじめ，閲覧数，「いいね！」やリツイートなどの"数"に求められ，それらを成果指標として，いかにその数字を上げられるのか血眼になっている状況からすれば，本来あるべき製品プロモーションの姿とはかけ離れた展開をしていることなど，改めて述べるまでもないでしょう。何しろ，情報拡散の不確実性を補うべく，SNS上での様々な"数"の多さの獲得を目指すという，数獲得至上主義と化しているのですから。もはや，コミュニケーションとしてのプロモーションの原則である「メッセージを届けたい相手に確実に届け，その相手に的確に理解してもらうこと」を目指すことなど二の次であり，どれだけ"数"が獲得できたのかによってプロモーション成果を測定することにすらなっているのです。まさに，プロモーションとしての手段と目的との逆転現象を引き起こしているのです[16]。

　したがって，上述したような，低価格の提示に対する有限性，そして，売上がタレント人気に依存してしまうことの危うさや，SNS上でのプロモーションの限界からすれば，いかにその製品自体が支持される存在となれるのか，すなわち，製品コンセプトの創出視点がいかに重要であるのか，ということについて，改めて理解が促されるのではないでしょうか。

6.　製品コンセプトとブランド化の関係性

　製品コンセプトの創出が製品開発にとって重要であるというのは，上述した事態を招くコモディティ製品群への埋没を防ぐためであるとともに，他方で，すでにコモディティ化してしまっている状況から脱却を図る，という点におい

ても極めて重要となります。ここで強調したいことは，たとえ現在，消費者からコモディティ製品，あるいはコモディティ化してしまった製品としての認識を持たれていたとしても，製品コンセプトの"立て方"や"創出視点の工夫"次第で，競合他社の同類代替製品（類似製品）と"差別化された製品"としての認識を消費者に与えていくことも可能だということです。すなわち，製品コンセプトとして，どのような問題解決を支援するのか，あるいはどのような消費価値を与えるのか，というそのコンセプト創出の"視点のあり方"によって，当該製品をコモディティ製品として一括りにされてしまう状況から脱却させ，消費者の心の中に固有のイメージを据えること，つまり「真のポジショニング」を築き上げることも不可能ではなくなるのです。

　本章4.にて取り上げた例を今一度見直すと，それらは，文房具であるスティックのりやノート，清涼飲料水である緑茶，あるいは台所用品である食器用洗剤といった製品カテゴリーのものでした。これらは，一般的に極めてコモディティ化状況が発生しやすいという図表4-1の第Ⅲ象限に該当する製品です。しかし，これらの先に挙げた製品は，ややもすると，コモディティ製品という認識を持たれてしまうことが多いにもかかわらず，製品コンセプトの創出視点の工夫によって，製品と消費者とが結び付く必然性が理解され，延いてはその製品と製品利用者との間に意味関係を構築することに成功しているのです。つまり，100円均一ショップなどでも売られ，消費者に低価格で買われてしまいがちな製品であるにもかかわらず，同じスティックのりを買うなら「GLOOスティックのり」を，同じノートを買うなら「キャンパスノート（プリント貼付用）」を，どの道お茶を飲むのであれば脂肪燃焼効果が見込める「ヘルシア」を，弁当グッズを洗うのに便利だから「キュキュットCLEAR泡スプレー」を，といったように，いわゆる"指名買い"が発生する状況が生まれているのです。このような現実からすれば，たとえ第Ⅲ象限に位置する製品であったとしても，コンセプト創出の工夫次第で，消費者との意味関係構築による"絆づくり"さえも可能になる，と言えるのです。

　一方で，従来には存在していない新たな製品カテゴリーを創造することによって，ロングセラー化するヒット商品に繋げていくという方法も不可能ではありません[17]。先に挙げた，「おくすり飲めたね」や「らくらく服薬ゼリー」，「ブ

ルーレットおくだけ」といった製品は，従来にない画期的な製品として登場したという意味で，第Ⅰ象限の要素を多分に含んでいるものです。大塚製薬の「ポカリスエット」や「カロリーメイト」なども，製品コンセプトの秀逸さから，従来にはなかった画期的かつ必要性の高い製品として登場し，今日まで親しまれているロングセラー商品です。ここで注目すべきことは，このような，新たな製品カテゴリーの創出をともなって登場した製品の多くは，過去の常識にとらわれない柔軟な発想によって，実は“新たな常識を生み出している”という特徴があることなのです。

　消せるボールペンとして一世を風靡することになったPILOTの「フリクション」は，本来消えないはずのボールペンでの筆記を“消せるものにした”という意味で，常識を覆す形で登場し，今や多くの人々が日常的に使用する筆記具の“新常識”として定着しました。先の「ポカリスエット」も，元々は点滴を通じて体内に取り込んでいた成分を，経口でも摂取できるようにするという“新常識”を生み出した製品でした。また「カロリーメイト」においては，きちんと調理された食事によって栄養摂取することが当たり前だった従来から，ほんのわずかな隙間時間であっても，スティック・バーを２本食べるだけで，バランスのとれた１食分の栄養を摂取できるという，食事行為に対する“新常識”を生み出しました。同様に，日清食品の「カップヌードル」も，もはや言うまでもなく，日本初のカップ麺として，従来は袋麺を調理しなければ食すことができなかったラーメンを，カップにお湯を注ぐだけで調理が完了するという“新常識”としての新たな調理・食事スタイルを創ることに成功しました。

　ここで挙げた製品を筆頭に，今日までロングセラー化している商品というのは，消費者に対して“新常識を提案”するとともに，“文化変容”をもたらしたものばかりです。売り手が提案してきた新たな常識に対して，その提案を過去から今日まで消費者が長期間にわたり支持しているのが，ロングセラー化の正体です。そのように考えるとすれば，ロングセラー商品とは，新常識に対する提案が支持されることによって，消費者による“指名買い”が今日まで継続されている状態にあるものと捉えることができるでしょう。

　指名買いが発生する状況というのは，少々値段が高くても厭わずに購買されることから，製品の効用がもたらす消費価値こそ評価されていると考えること

ができます。それゆえに，指名買いとは，単なる経済的合理性基準による購買意思決定とは違い，製品と消費者との間に“固有の絆”が結ばれていることの証であると認識することができるのです。

　「ブランド」がブランドたる所以とは，まさに製品と消費者との間に結ばれた“固有の絆”によって，購買時における消費者の機会主義的行動の抑制と，それによる市場の不確実性削減効果が発生するところにあります。したがって，ブランドとは製品と消費者との間に“固有の絆”が構築されることによって，消費者が“固定客化”された状況にあるものを意味するのです。上原（2014b，48-49頁）は，このブランドが示す様相について「ブランドは取引の特定化を促すものである」と述べ，さらには「ブランド力の源泉は，オリジナリティの創造とその訴求にある」と述べています[18]。なお，ここで言う「オリジナリティの創造」とは，上述してきたような“製品コンセプトの秀逸性”と読み替えても問題ないでしょう。

　したがって，ブランドには，固定客として指名買いを継続させるために不可欠な顧客満足を創出し続けなければならない，という使命が要求されることになります。これは顧客満足を消費者に与えることができなければ，リピート・オーダー（再注文・再受注）が発生しないのであり，延いては継続的指名買い状態など生まれるはずがないと考えられるためです。ブランドとは，ネーミングやパッケージ・デザイン，プロモーション展開等々の秀逸さによって自然発生的に構築されるものではなく，買い手の顧客満足の中に存在すると言っても過言ではありません。

　すなわち，消費者に対する顧客満足の実現という“実績”と“積み重ね”の結果こそが，製品や企業への信用と信頼に繋がるのであり，継続的な指名買いを当然とする正当性が生まれるのです。「消費者の満足と支持なくしてブランドは生まれない」と言われるのは，まさにこのことを指していると言えるでしょう。ここにおいて，ブランドを「ブランド品」として認めるか否かは，顧客満足に基づく信用と信頼を見出す“消費者側に委ねられる”のであり，さらには，ブランドを「ブランド品」として認め，ブランド品へと“化けさせる”のは，常に社会であり消費者側である，という重要な示唆が強調されることになるのです。

なお，このブランドについては，**第3章**においても，長寿企業である「老舗」を対象とした解明を行いました。そこでは，企業側において，高度な技術の継承や時代の進展に適合するような革新的努力を継続しながら，しかもいつの時代にも真摯で誠実に正直に商いをしてきたところに，老舗企業としての継続性があること，また一方で，社会や消費者側においては，そのような企業の姿勢を顧客の側が支持し，その消費価値の伝承を自らの周辺に積極的に布衍してきた結果であるということが述べられました。ここにおいても“ブランド品”とは，長い時間をかけてその品質や性能の優秀さが証明され，そしてそれを創り出す企業の社会的な信用や信頼が培われてはじめて認められるものである，ということが強調されました。製品ブランドであれ老舗企業ブランドであれ，いずれにしても，ブランドを「ブランド品」と認めるのは，社会や消費者側であるという論旨に相違ないことが確認できます。

7. 製品コンセプトと技術の関係性

さて，ここでは，製品化をするために不可欠な技術の考え方について，触れていきたいと思います。

本章4.（2）で述べられたように，製品コンセプトの具現化については「製品の技術的アイディア」と表現され，そこでは，その「製品の技術的アイディア」すらも，製品コンセプトに従う表現手段である，ということが説明されました。したがって，製品コンセプトと製品化に向けた技術との関係とは，製品コンセプトが確定したことを受けてはじめて，消費者に与える問題解決や消費価値に必要な製品の具体的効用（物理的有用性）としての技術仕様検討に移ることができるのです[19]。この点については，多くのマーケティング・テキストにおいても，コンセプト開発の後にプロトタイプの製作が位置付けられていることから，特段の異論はないものと言えるでしょう。

現実のビジネス状況を鑑みると，一般的には，マーケティングを担う部門と技術開発を担う部署とは，それぞれが独立した存在として業務に励んでいる状況にあります。そのことは，マーケティングに携わる部署と技術開発を担う部署や研究所とが，多くの場合，別の立地に拠点を構えていることからも，確認

することができるでしょう。したがって，たとえば技術開発部門が，マーケティング担当部門の動きとは何の脈絡もなく，全くの別の動きとして進行していることなども起こり得るのです。

　一般的に，技術系企業による製品開発で陥りやすいのは，「シーズ志向」が強い製品開発プロセスが進行するということです。この場合においては，技術者や企業側が技術シーズに基づいた製品開発を行うことで，消費者に対して，まるで「製品ができたので，何かに使ってください」と言わんばかりの態度を示すことになると言います（丹羽，2006，103頁）。もちろん，技術開発によって生み出された製品が，今日，消費者の日常生活における何らかの問題解決へと繋がり，その恩恵に与（あずか）っていることもあります。たとえば，従来品の改良の延長線に位置付けることができないような，SONYの「AIBO」，Appleの「iPhone」，アイロボットの「ルンバ」[20]などは，登場以前には市場に全く存在しなかった製品だと考えられ，まさに技術開発の力によって生み出された製品の典型例と言えるでしょう。しかしここで問題となるのは，多くの場合，技術志向への偏重が強い企業だということです。

　技術力に秀でている企業は，往々にして技術開発が先行し，そこで生み出された技術をどのように製品に搭載すべきかといった思考のもとで，製品開発が進行していく傾向があります。推察されるように，このような製品開発プロセスを辿るとすれば，製品が市場導入されたところで，消費者としては，何しろ日常生活でどのようにその製品を利活用していけばよいのか見当がつかないため，市場に受容され続ける確率が低くなることが予想されるのです。要するに，技術開発のペースが，消費者の使用能力向上ペースを上回ることになることで，消費者がその技術（製品）を使いこなすことのできない状況が発生してしまうのです[21]。このようなことは「技術のオーバーシュート現象」（技術の過剰性能状態）として知られています。

　このような技術開発と製品開発の問題に対して，丹羽（2006）は，特に技術とマーケティングとの関係に注目し，「技術先導の顧客創造」という概念を基にした「技術マーケティング」の展開を主張しました（102頁）。ここでポイントとなるのは，技術先導でありながらも“顧客創造”の観点が含まれているという点です。また「高度技術社会では，ユーザ（消費者）は自分の欲しいもの

を創造できないが，一方，技術者は，新技術によって実現できるユーザの新しい生活機会を創造できる立場にある」と述べ，市場（顧客）が技術によって生み出される（創造される）ことの可能性について言及しました[22]（102-103頁）。

　ここで重要となるのは，たとえ技術開発が先行した場合であっても，技術は必ず消費者の生活上の脈絡における問題解決や消費価値の実現に紐づけられる必要がある，ということです。そうでなければ，技術開発によって生み出された技術をいかに製品属性として落とし込むか，という検討から製品開発をはじめなければならず，結果として，市場の脈絡から逸脱した，"市場にとって無目的的"となる製品を登場させてしまう可能性が極めて高くなるのです。したがって，ここにおいて，技術とマーケティングとの関係について，「市場から技術を見る」[23]という視点を保持し，常に市場（消費者）との関係において技術を位置付けていく，ということの重要性が強調されるのです。まさに，これが「技術の市場適合」という考え方に他なりません[24]。

　マーケティングにおける技術の取扱いについて注意を要するのは，次の点にあります。すなわち，マーケティングにおける製品開発とは，最新・最先端技術を搭載した製品を，いち早く市場化させることを要請するものではないということです。このことは，本章3.（1）において，効用の程度の高さは必ずしも技術的な複雑さをともなう必要はない，と主張したことと関連します。すなわち"売れる"製品を目指すのに当たって，必ずしも"最新技術"が必要とは限らないのであり，さらには"最新技術"を搭載しているからと言って，それが"売れる"製品となる保証などどこにもないのです。このことは，**第2章5.（1）**において，増分効用の問題として，WindowsのOSや8Kテレビの例を用いて説明した通りです。したがって，重要なことは，新技術であろうが旧来型技術であろうが，あるいは複雑な技術であろうが簡素な技術であろうが，マーケティング戦略の一環である以上，技術は必ず市場創出の観点から，市場問題との関係において論じられる必要があり，そして，技術を消費者に対する消費価値の創出に繋げることができなければ，戦略成果など生まれないということなのです。

　このように考えると，丹羽（2006）の主張するところの「技術先導の顧客創造」の本質とは，たとえ技術が先導したとしても，消費者にもたらされる問題解決

や消費価値の創出に基づいて，実需としての市場（買い手としての顧客）が生み出される必要がある，ということになるでしょう。そして，その時の「新技術」とは，その技術の新規性（新しさ）を問題にしているわけではなく，「ユーザの新しい生活機会を創造」するという特定の目的を果たすに当たって，当該技術が，その企業において“過去に用いられてはいなかった”という意味での“新”となるのです。もちろん，消費者に対する消費価値の創造において，新規開発技術が不可欠な場合もありますが，必ずしも技術が新規開発のものである必要はありません。これは，たとえば本章3.（1）で取り上げた富士フイルムの「写ルンです」（レンズ付きフィルム）やSONYの「ウォークマン」のように，過去の素朴な技術であっても，新たなコンセプトの創出や効用の程度の高さによって，消費者に画期的な新製品として受け止められるという事実からも明らかです。大友（2014b）は，このような，過去の素朴な手法を用いて創り出すような技術のことを「後退新技術」と称しました（114頁）。

　したがって，マーケティングにおいて「新技術」とは，旧来のものか新規開発のものかに重点を置いているわけではなく，消費者に対して新しい生活機会や消費価値を創造するにあたり，ある技術が，旧来には見られなかった“新たな脈絡で使用される”かどうかにおいての“新”にすぎない，ということに注意が必要となるのです。このことは，たとえば，SHARPの「プラズマクラスター技術」が，空気浄化を目的とする空気清浄機に搭載される一方で，消臭効果を目的にエアコンに搭載されたり，鮮度保持を目的に冷蔵庫に搭載されたり，あるいは，髪や頭皮の潤いを与えることを目的に美容家電に搭載されたりする，といった関係をみると理解されるのではないでしょうか。それぞれ技術自体は既存かつ同一でありながらも，消費者に対する新しい生活機会や消費価値の創造というそれぞれの脈絡（消臭効果目的，鮮度維持目的，髪や頭皮の潤い保持目的）において，空気浄化を目的とした消費価値の創出以外にその既存技術が利活用されるからこそ，新たな消費価値を生むことになる“新”技術となるのです。

　また一方で，この“新”技術においては，消臭にせよ，鮮度維持せよ，髪や頭皮の潤いにせよ，それを実現する手段は他に様々あるにもかかわらず，それらの消費価値を実現するにあたって，プラズマクラスター技術が新たに採用されたという意味において，それぞれの消費価値の脈絡にとって“新”技術と映

ることにもなるでしょう。したがって，このようなことからすれば，マーケティングにおける「新技術」には，裏表の関係として，2つの意味があることになります。1つは，ある特定の技術が新たな消費価値を生み出すに当たり，"新用途"として利活用されるかどうか，そしてもう1つは，ある特定の技術が新たな消費価値を生み出すに当たり，数ある技術手段の中から"新規採用"されるかどうか，ということです。これらの2つの捉え方が，ある技術において消費者に対する新しい生活機会や消費価値を創造するに際し，旧来には見られなかった"新たな脈絡で使用される"ことの正体となるのです。

　以上で述べてきたことを通じて，技術偏重企業が陥りやすい罠を回避するための技術の取扱いに対する視点が，明らかとなったのではないでしょうか。マーケティングにおける技術とは，何も最新であることを要請するものではないのです。技術とは，常に市場との脈絡において見ることが重要であること，そして「新技術」の捉え方に対する認識の刷新にこそ，マーケティング戦略としての「技術の市場適合」による戦略成果を上げるためのヒントが隠されていると言えるでしょう[25]。

考えてみよう

① 製品が有する「効用」には，どのような種類があったのでしょうか？　また，身近にある製品を取り上げて，それらの「効用」がもたらす「消費価値」についても考えてみましょう。
② 「製品コンセプト」とは，どのような視点から創出される必要があるのでしょうか？　あるいは，何を表現するものとして捉える必要があるのでしょうか？
③ マーケティング戦略の展開において「製品コンセプト」が重要であるのは，なぜだったのでしょうか？　本文で説明された様々な視点からまとめてみましょう。
④ 「製品コンセプト」を具体化していくのに不可欠な技術は，その捉え方や考え方について，どのような注意点があったのでしょうか？　技術に対する考え方，および新技術の捉え方についてまとめてみましょう。

注
(1) 「効用」とは，一般的には，"効能"とか"役に立つ"といった意味で用いられていますが，本章で言う「効用（utility）」について詳しく述べると，売り手の提供する特

定の財が，買い手の持つ何らかの欲望を満たし得る能力の程度においての使用価値および購買（交換）価値そのもののことであり，主観的な満足の度合いのことに関わる消費価値そのものを意味しています。財の効用とは何かということについての詳細な議論は，大友（2001b）を参照してみてください。

(2)　このことについては，**第5章**にて詳述されていくことになります。

(3)　製品が有する2つの効用については，「物理的有用性」および「意味的有用性」として，大友（1999; 2001b）にて詳しく述べられています。

(4)　この点に関する言及は，**第5章**および**第8章**でも，詳しく述べられることになります。

(5)　産業財においては物理的な効用が重視されているとは言うものの，産業財においても実は「意味的な効用」（意味的有用性）が重要であることにいち早く注目し，強調した研究として，大友（1999）が挙げられます。**第7章**および**第8章**では，産業財取引・組織間取引において，「意味的な効用」に注目した営業戦略を展開することの重要性について説明されることになります。

(6)　注(1)でも説明されたように，「効用（utility）」とは，売り手の提供する特定の財が，買い手の持つ何らかの欲望を満たし得る能力の程度においての消費価値としての使用価値および購買（交換）価値そのもののことであり，主観的な満足の度合いのことを意味しています。したがって，「効用の大きさ」とは，財自体がその"利用者・消費者の欲求・欲望を満たし得る程度"の観点から捉えていくことになります。なお，この「増分効用」概念は，1998年に上原征彦教授によって最初に提唱されたものです。詳細は，上原（1998, 19-20頁）を参照してください。

(7)　朝日新聞（2006）。

(8)　「パブリシティ」とは，新聞社やテレビ会社などのメディア会社に対して，自社の活動状況やその内容，自社主催の各種イベント，新製品・新サービスや新規事業についての情報を提供し，メディア会社の判断のもと，ニュースとしてその情報を流してもらうプロモーション手法のことを言います。

(9)　朝日新聞（2010a; 2010b）。

(10)　現在では，周知の通り，本来的にはコモディティ商品として位置付けられる農産物・畜産物・水産物においても，積極的なブランド化が展開されています。

(11)　「ブルーレット」ブランド自体は1969年に誕生していますが，「ブルーレットおくだけ」は1986年に誕生しました。

・小林製薬　ニュースリリース「小林製薬の『ブルーレット』50周年〜愛されて50年，トイレからニッポンをここちよく〜」（2019年5月28日）https://www.kobayashi.co.jp/corporate/news/2019/190528_01/index.html（閲覧日：2020年2月29日）

(12)　このような消費者の認知限界に関することは，不完全競争状態として知られています。**第5章1.**では，不完全競争が導く消費者の現実的な購買の姿として，消費者は，経済合理性基準以外の部分に購買価値を見出していることが説明されます。

(13)　**第5章8.**では，消費者の認識が常に変化していくことについて，また，そのような消費者の変化にともなうマーケティング対応のあり方について述べられます。

⑭　なお，「製品コンセプト」と「製品の技術的アイディア」との関係については，**第5章7.**でも説明されることになりますが，詳しくは上原（1999）を参照してみてください。また，本文で取り上げられた，「製品コンセプト」に従って「製品の技術的アイディア」も変化するということについては，**第5章7.**で取り上げられるように，子どもに持たせる携帯電話と高齢者に持たせる携帯電話とでは，その財の品質特性として要求される機能が全く異なる，という説明からも理解することができます。

⑮　このことは，**第2章5.**においても検討されてきた通りです。

⑯　SNSが"数"獲得の争奪戦になっている様子は，たとえば，フォロアー数の獲得を提供する販売業者が存在することで，売買取引の対象とすらなっている現実からも伺うことができます。そこでは，全く見ず知らずの他人のアカウントが乗っ取られたり，さらには，実在するはずの本人の所在や実体が確認できない架空のアカウントを作るといった手法（通称「ボット（BOT）」と呼ばれる，コンピュータを外部から遠隔操作するコンピュータ・ウイルスによる方法）等で，平然とフォロアー数の"水増し"がなされ，社会問題を引き起こしているのも事実です（NHK『クローズアップ現代＋』「追跡！ネット広告の闇　水増しインフルエンサー」（2019年5月22日放送），およびNHK取材班（2019）より）。

⑰　製品コンセプトの創出による新市場創造型製品が，長期間にわたって市場シェアを維持しやすい傾向があるということについては，梅澤（2012）の実証研究によって明らかにされています。

⑱　なお，ここで取り上げた上原（2014b）では，ブランドについて「ブランドを一つの絆としてある種の準拠集団が形成される」ということに言及し，このブランドによる共同体（準拠集団）が，他ブランドとの差別化を意識した個別文化の創造と関連する，という様相について，詳細に論じられています。

⑲　ここでは，物理的有用性としての技術仕様に特化して述べていますが，製品を具現化していくに当たっては，本章**4.（2）**で述べたように，ビジュアル・デザインの検討や，使用時におけるデザイン設計や感性工学的検討なども存在します。これらについても，技術仕様検討と同様に，製品コンセプトが確定することによってはじめて，検討することが可能になります。

⑳　ここでは，ロボット掃除機が市場に普及することになった象徴として，アイロボットの「ルンバ」を提示していますが，世界初のロボット掃除機は，スウェーデンのElectroluxが2001年に発売した「トリロバイト」であることを付記しておきます（エレクトロラックス・ジャパン株式会社 掃除機パンフレット［2018年2月版］より）。

㉑　このことは，クリステンセン（C. M. Christensen）という研究者が，「イノベーションのジレンマ」（正確には，「イノベーターのジレンマ」）という概念を説明する際のベースとなっている考え方でもあります。この「イノベーションのジレンマ」については，クリステンセン（2001）を参照してみてください。

㉒　これは，消費者に将来のニーズを聞いたところで，既存製品の改善ニーズ程度の情報しか聞き出せず，消費者が未来に有することになるであろうニーズへの対応が困難

となる，といった問題意識に由来するもので，技術主導型の市場創造という方向への希望を見出そうとするものでもあります。なお，同様の問題意識は，**第5章7.**および**第5章**の注⑽でも取り上げることになります。

⒇　この「市場から技術を見る」ということについては，大友（2015c）で詳細に述べられています。

⒇　この点に関する詳細は，大友（2002）を参照してみてください。

⒇　製品コンセプトと技術開発の成果に関する実例は，小堺（2006）に詳しく説明されています。

（大友 純・河内 俊樹）

1. 消費者市場における販売の困難性

　企業という個別経済主体にとって，最もその販売の困難性が認識されるのは，その対象が家庭もしくは個人という個別経済主体の場合と言えるのではないでしょうか。企業間取引においては，買い手側の購買目的が一般的には経済的合理性基準に沿っている場合が多いので，買い手側の経済的な仕入条件や生産条件に適合する財の提供方法を示せばよいことになります。単純に解すれば，生産条件に適合するような財の修正も含めた意味での高品質財を可能な限り低価格で提供することを目指す，ということになるのです。そうであればあるほど，買い手側にとってはその財に対して何らかの効用を付加⑵した後の再販売時に，自身の市場における競争状況に適合的な低価格戦略やさらなる高付加価値販売も容易に可能となるのです。

　企業という買い手は，一般に，売り手の品質状況をかなり正確に理解してくれますが，家庭や個人からなる対消費者市場での取引においては，対企業取引のようにはいきません。その理由は，第1に，消費者の購買目的が再販売による金銭的な利益獲得に向けられていないこと。第2に，品質に対する認知という点に関して，企業組織の購買担当者のように的確に判断できる知識が，売り手に比べて相対的に劣っていること。第3に，財の物理的な認識価値よりも，意味的な認識価値を重視しがちであること⑶。第4に，購買の真の目的が売り手から見えにくいこと。これらの要因が存在するために，売り手側から見れば，消費者は経済的合理性基準以外の購買価値を求めているように認識されるのです。

　もちろん，消費者の購買行為は，決して自らの経済的収支バランスを崩してしまうほどの，無秩序かつ価格無関心的な買い方をするわけではありませんし，消費者自身にとって，所定の経済的余裕の範囲内であれば，企業のように，取

引ごとに具体的な金銭上の換算をした上での，厳密な収支上のバランスを気にせずとも，たいていの場合，家計の維持は可能となります。そのような意味では，家庭や個人は，企業のような社会経済的な観点での公的経済主体とは言いがたいかもしれません。したがって，一般に製造企業が常識化しているような「よいモノを安く造れば売れる」といった考え方は，現実の最終消費市場では成立しない場合が少なくないのです。

　要するに，消費者における財認識においては，一般的に，物理的には同質であっても意味的に異質でありさえすれば，買い手にとって必ずしも価格が安い方が適切な購買対象財とはならないのです。しかも，購買しようとする財が適切であるかどうかの判断すらも，消費者のその購買時点までの知識と経験の範囲に制約されたものでしかないのです。もちろん，物理的に同質であるとの事実さえ，的確に認識されるかどうかは，全く保証の限りではないのです[4]。したがって，売り手から見れば，消費者の財の購買行為そのものは，単純に価格に還元できない，主観的で意味的な価値認識に拘束されることの強い，極めて非経済合理性的な，いわゆるポストモダン的消費行為を行う存在として映るところに，まさに販売の困難性の源があると理解できるのです。

　このような存在として映る消費者を"買い手として認識"するためには，特に，その購買行為における意思決定の動因でもあるところの"購買の真の目的がどこにあるのか"ということに関する情報こそ，販売の困難性を克服していきたいとの戦略的願望を持つ売り手にとっては収集する必要があるのです。不完全情報下にある市場においては，どれほど経済的合理性基準に基づいた生産過程を経て産出された財であったとしても，市場でどれだけ販売できるのか，言い換えれば，どれだけその財への需要が見込まれるかについては，全く不確実と言えるのです。周知の通り，高品質低価格の財以上に，低品質高価格の財の方が買い手にとって何らかの合理性基準に適うと認識されることも，不可思議ながら現実の市場では一般的な現象として見られるのです。

2. 財に対する需要の発生と欲望の存在

　このような状況下におかれている企業，特に製造企業にとっては，どのよう

な財をいかなる内容や方法で創り出せばよいのか，そしてそれをどのように消費者に認識させれば販売の困難性を極小化することができるのかという2つの問題こそ，最大の関心事となることは疑いないことでありましょう。要するに，何をいかに造り，いかに市場にその価値を伝えるかという問題です。

　この問題を解決するための最も重要な情報とは，消費者の財の購買行為における目的がどこにあるのかという情報に他なりません。なぜなら，この購買行為，すなわち「買い物」という行為は，それを通じて得た財が使用されることで可能となる何らかの効用を享受するための，手段的行為にすぎないからです。しかも，売り手によって提示される財が，その利用目的に適わないものであったとしたら，一般的にはそれを"買いたいという欲望"も発生しないでしょう。もちろん，この何らかの財に向かう欲望の存在という条件に加えて，その消費者にとって購入可能な価格が提示されなければ現実の買い物行動に結び付かないことは言うまでもありません。したがって，特定の財に対する消費需要とは，消費者側のその財の利用目的に対する欲望と，それを得るための金銭的な購買力が存在してはじめて生まれることになるのです。

　しかし，そうであるからと言って，結局は経済学における価格要因こそが需要を決定づけるのではないか，と考えるのは早計でありましょう。買い手が企業組織である場合のいわゆる産業財においては，それもある程度は言えます。産業財の買い手となる組織においては，自らの市場内で永続的な維持発展を望む限り，組織価値を生じさせるために不可欠な財の生産や販売に必要となる資源財に対する欲望を継続的に発生せざるを得ないでしょう。また，その産業財の利用価値を高めるうえでも，低価格条件に対する関心も大きなものとなるでしょう[5]。ところが，消費財のように，まして基本的な生存に関わる必要財が十分に満たされているような現代消費社会においては，その財から得られる効用自体に魅力がなければ，どれほどの低価格であったとしても需要に結び付かないことは周知の事実です。むしろ逆に，その利用価値が高いと認識された財に対しては，たとえ自らの現在の収入では賄いきれないような高価格であったとしても，将来獲得が見込まれる収入を先行的に利活用することによって，または貯蓄やすでに所有している財を手放すことで得られる収入によって，もしくはギャンブル的な行為すら厭わずに，消費者はその欲望充足に向けた購買行

為を発生させるという事実は，経験的にも確認されるところです。

　要するに，特定の財に対する需要の発生とは，価格という条件以上に，その財に対する“欲望の存在”こそが重要であると理解されるのです。したがって，この欲望概念に対する論究こそが，なぜその財の購買行為を生み出したのか，という理由を探る分析単位として，重視されなければならないと言えるのです[6]。

3. ニーズとウォンツに関する基本認識

　それでは，特定の財に対する需要発生に不可欠な欲望概念を探るために，まずはその分析単位となる用語上の概念定義を明確にしておくことにしましょう。

　一般的に，伝統的マーケティングで使用される用語に「ニーズ（needs）」と「ウォンツ（wants）」があります。これらの用語は，ビジネスにおいても日常的に使う常識語として定着してはいるものの，正確には理解されていないのも事実かもしれません。特に「ニーズ」という用語は「需要」と訳されて定着している向きがあります。しかし，ここでこれらのビジネス用語に対する概念定義を再確認しようとする意図は，欲望の“出所”は何かということを探るために，実はそれぞれの用語に対する正確な意味の把握とその識別が必要となるからに他なりません。

　「ニーズ」という用語は，本来，日本語では「必要・欠乏」と表現され，「ウォンツ」という用語は，日本語では「欲望・欲求」と表現されるものです。国語認識上での意味を探るために，「ニーズ」については一旦「必要」に集約し，「ウォンツ」については一旦「欲望」に集約した上で，両方の概念を確認すると，次のように識別されていることがわかります。すなわち，前者は「どうしてもいること，どうしてもなくてはならないこと」（金田一，1994），「必ず要ること，なくてはならないこと」（西尾ほか，1963）と説明されており，後者は，「最低限に必要なものが備わっても，それ以上に，したい，ほしい，と望むこと。またその心。類語として『欲求』」（金田一，1994），「ほしがる心，不足を感じてこれを満たそうと望む心」（西尾ほか，1963）と説明されています。これらからすると，「欲望」とは，明らかに，欲望が具現化された概念としての「贅沢」，すなわち「必要以上に費用をかけること」（金田一，1994），「実際の生活が必要

とする以上の，分に過ぎた消費，また費用がひどくかかること」（西尾ほか，1963）という語と同義である，と考えてもよいでしょう。そして，両概念の意味認識上の違いからすれば，モノに対する「欲望」とは，「必要・欠乏」に対する認識の事後概念として，その「必要・欠乏」を充足させるための行為概念である，と位置付けることができそうです[7]。以下では，"needs" については「ニーズ」とカタカナで表記し，"wants" については「欲望」と漢字で表記していくことにします。

これらの両概念がマーケティングの脈絡において定義づけられるとき，マーケティングの論理構成上において，重要な意味を持つことになります。マーケティング論の分野において，「ニーズ」と「欲望」に関する最も重要な示唆を残してくれたのは，オルダーソン（W. Alderson）の研究でした（Alderson, 1995, p.19）。彼はこの2つの概念について，「必要ではないが何かが足りない，というのが欲望である。何かを必要とするということは，当然その状況が発生するもとで，その何かを利用することができることである。製品を欲するということは，実現性があって重要であると見なされるような状況を満足させる手段としてそれを認識することである」と述べています。

さらに，彼はマーケティングとの絡みにおいて，「マーケティングはニーズに関する消費者認知を創り上げることによって欲望を創造するのであり，また，マーケティングは特定の製品をこれらのニーズを満たす手段として認識することによって欲望を創造するのである」と述べ，「ニーズ」は個々の消費者側において生成されるものであり，マーケティングはそれを察知し，その「ニーズ」を誰もが認知できるように明示化し，そして自らの製品をその「ニーズ」を充足する手段であるとの認識を促すための活動である，ということを示したのです。そして，「マーケティングは間違いなく欲望の創造を論じるものであるが，しかしそれはニーズから生じる欲望という原則から出発する……」と述べて，この2つの概念の関係を明らかにしています。

さらに加えてオルダーソンは，マーケティングには2つの変換が課されること，すなわち消費者の意識内における「ニーズ」から「欲望」への変換と，さらにその「欲望」を特定の製品へと向かわせることへの変換は，マーケティングの技術的な課題であると指摘しました。要するに「売り手の提供する製品が

消費者の抱く必要性を満たす手段として適切であることを納得させる活動」こそが“マーケティング”である，ということを強調したのです（Alderson, 1955, p.19）。

　また，オルダーソンは，この「欲望」の存在は個人に限らず，家庭としても有していることを重視しました。そして「世界中どこにも消費者のニーズの存在しないところなどない。むしろ欠落しているのは欲望なのであり，マーケティングはそれらを呼び起こすのを支援する」と主張したのです（同書, p.19）。

　この「ニーズ」と「欲望」の関係について，オルダーソンの見解を支持しながらも，このような消費需要の二面性をより簡潔に捉えた考え方を示したのは，ナーバー（J. C. Narver）とサビット（R. Savitt）でした（Narver and Savitt, 1971, pp.54-55）。彼らは「ニーズと欲望の関係は難しいものではない。それは欲望が単に知覚されたニーズであるということである。いかなる欲望であれ，特定のニーズから生じるものであるし，またしたがって，ニーズと欲望は対称をなすというよりはむしろ補足的なものである。…（中略）…ニーズの中には潜在意識下にあるものもあろう。しかしそれらのどれであれ，必要を意識するまで欲望は存在しない」と述べました。そして，オルダーソンの見解に沿って，「個人は彼のニーズを通常は意識していない。商品やサービスといった要素を欲するというのは，満足することを必要としている状況を満たす手段として意識的にも，また無意識的にもそれを“認識”することである」と指摘しました。

　したがって「マーケティングは欲望を創造する，というときの“創造している”のは，単に必要という知覚を助長すること，という意味においてだけのことである」と簡潔に述べるのです。明らかに彼らは，“欲望喚起装置”としてのプロモーション機能を，マーケティングの本質であると理解しているように思われます。ここでも，個人の「必要性」の認知はあくまで内生的なものであり，その事後認識として「欲望」が位置付けられているのです。すなわちそれは間違いなく，個人的理由によって内発した「必要」を充足する手段としての製品を「欲望」の対象として，その個人に認識させることがマーケティングの機能である，と捉えているのです。

　さらに，この2つの見解を受け継ぐのが，コトラー（P. Kotler）です（コトラー, 1983a, 14-15頁）。彼もオルダーソン同様，「人間のニーズとは，ある人の

感じた欠乏状態である」と述べ，それは生存のために必要なもの，帰属，権力，愛情といった社会的なもの，そして知識や自己表現への個人的ニーズとを含むものである，としています。また「欲望」については，「人間の『欲求』は，ある人のもつ固有の文化や，個人の育ってきた段階によって形づくられるニーズの表現である。…（中略）…欲求は常に，ニーズを滴たす文化的に限定された物に関係がある。同一文化内でも，個々の生活経験や嗜好によって，欲求には違いがあるであろう」と述べ，たとえば空腹を満たす欲望の向かう先は，アメリカ人であればハンバーガーやフライドポテトに向かい，別の国の人々であればその国固有の特定の食べ物に向かうと指摘しました。

4.　欲望喚起装置としてのマーケティング

　さらに，コトラーは，マーケティングと「ニーズ」および「欲望」との関係について，「マーケティング担当者はニーズを創らないし，ニーズはマーケティング担当者とは全く別世界のもので潜在的なものである。マーケティング担当者は社会の他の影響要因とともに，欲望に影響を及ぼすのである。彼らは評判を得たいという個人のニーズを能率的に満たすような特定の車を消費者に示唆する。マーケティング担当者は尊敬に対するニーズを創造することはないが，特定のいかなる商品がそのニーズを満たし得るのかという点を指摘しようとするのである。また，マーケティング担当者は魅力的で入手可能な，そして容易に使用できるような製品を創り上げることによって，購買に対する個人の意図や目的に影響を与えようとするのである」と論じました（Kotler, 1980b, p.19）。このような意味からすれば，「ニーズは個々人の内的刺激によって生じ，欲望は外的刺激によって生じる」と言うことができるでしょう。したがって，まさに企業が行うマーケティングは，外的刺激としてその刺激の矢が消費者の「欲望」に向かわなければならないと言えるのです。

　ここで，コトラーははっきりと“マーケティングは，欲望創造に関わる仕事である”ということを強調しています。西欧においてもわが国においてもよく人の口に上る「人間の欲望には切りがない」というフレーズは，人間が生物的にまた社会的に生きていくうえで必要とする何かを感じる限りにおいて，それ

を具体化するための手段として意識するところの「欲望」のことを指している
のではないでしょうか。そうであるとすれば，マーケティングはその活動対象
を見失うことはないということになります。ただし，人間が何らかの「ニーズ」
を感じ，それを具現化するための「欲望」が存在する限りにおいてです。国や
民族，性別や年齢を問わず，どのような人間においても，今ある社会の中での
生存を望む限り，その必要さを感じる要因にそれほどの違いはありませんし，
それほど多くの必要性が存在するわけでもありません。しかし，そのわずかな
「ニーズ」のもとにおいても間違いなく「欲望」は，膨大に存在していると捉
えることができるのです。

　ところで，マーケティングに関連する分野におけるこのような「ニーズ」や
「欲望」の捉え方に関する考え方は，広告論の分野ではすでに1920年代に同様
の指摘が見られていました。たとえば，ストロング（E. K. Strong）は，人間の
欲望を2つに分けて捉えていました（Strong, 1925）[8]。1つは「先天的欲望」
というもので，もう1つは「後天的欲望」というものです。前者は，上述した
「ニーズ」の概念に相当するもので，後者は，オルダーソンやコトラーの言う
「欲望」概念と完全に合致しているものです。

　ストロングは，「先天的欲望」とは，「純粋的欲望」と「社会的欲望」から成
るとしました。すなわち，純粋的な要素は，食欲，狩猟欲，健康欲，所有欲な
どといった，個人の生物的生存に直接関わるものから構成されるとし，他方，
社会的な要素は，集団本能欲求，功名本能欲求，誇示欲求，恋愛欲求，子ども
への愛情欲求などといった，社会における人的関係性に関連する要因から構成
されるとしたのです。そして，ストロングは「先天的欲望」とは，人間である
限り等しく保有しているものと考えました。また「後天的欲望」を「先天的欲
望を満足させるための手段的欲望である」と捉えることによって，具体的には，
特定の製品やサービスに向かう欲望であると考えたのです。まさに「先天的欲
望」とは"自然"なものとして捉えられ，「後天的欲望」とは"人為的"な外
部刺激によって発生するものと考えたのです。図表5-1は，このような「先
天的欲望」と「後天的欲望」との関係を示したものです。

　したがって，ストロングのこのような捉え方に従えば，たとえば「空腹を感
じて何か食べたい」というのは先天的で純粋的な欲望であり，そのために「特

図表5-1　ストロングの欲望概念図

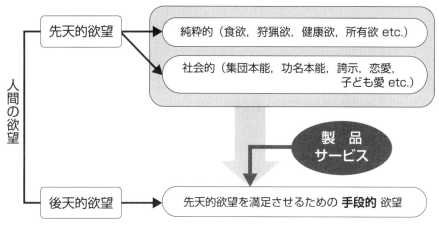

出所：Strong（1925, p.5）の記述を基に作成。

定のレストランの特定のメニューを食べたい」と思うのは後天的欲望である，と捉えることになります。同様に，たとえば牛乳の嫌いな母親が，子どもの身体を丈夫にしたいがために小売店頭で牛乳を購買するのは，直接製品を使用し消費する子どもの購買代理人としての役割によって買い物をしているというよりも，むしろ子を持つ親としての先天的欲望である愛情欲求を満たそうとするために行われている購買行為である，と捉えられるのです。それゆえ，どの銘柄の牛乳を購買するかを検討する際には，その母親からすれば，少々価格が高くても，牛乳の栄養価の高いものを選ぼうとするかもしれません。そうであるとすれば，母親の理解しやすい表現で，その物理的な商品価値としての栄養価情報が明示されている牛乳ブランドや，子どもの健康に繋がりやすいイメージを想起させるようなネーミングを有した牛乳ブランドの方が，そうでない牛乳ブランドよりも選択される可能性が高くなるであろうことは，容易に推察できるのです。

　また，恋愛欲求を叶えたいと思っている女性が，菓子メーカーの広告である「あなたの想いをバレンタイン・デーにチョコレートに託して…」という提案に接することで，どうやって自分の想いを相手に伝えようかと悩んでいたその問題解決として，チョコレートを贈ることこそが最適の手段であると認識した

瞬間，この先の恋愛成就という先天的欲望の達成に向けた意味的な情報価値を持つ商品として，そのチョコレートを買って贈るという行動が生まれることになるのです。

　しかも，これらの事例のように，子を持つ母親にしても，恋愛を夢見る若い女性にしても，誰もがこのような想いを抱くのは当たり前のことだと言うのであれば，そこに欲望（先天的欲望）を実現するための膨大な潜在需要が存在していると考えたとしても不思議なことではないでしょう。ここにこそ，このストロングの考え方のマーケティング戦略に対する示唆としての重要性が認識されるのです。

　このように，ストロングにおいては企業の提供財は，先天的欲望を満たすための後天的で具体的な欲望対象であると認識されることになるのです。したがって，すべての財は消費者に対して先天的欲望を満たす適切な手段として，その魅力性の理解に繋がるような表現で情報提示が行われる必要があり，それこそがマーケティング活動におけるプロモーション戦略上の最重要課題となることは言うまでもありません。このことは，上述したオルダーソンの「マーケティングはニーズに関する消費者認知を創り上げることによって欲望を創造するのであり，また，マーケティングは特定の製品をこれらのニーズを満たす手段として認識することによって欲望を創造するのである」と言ったときの，彼によって想定されているそのための具体的なマーケティング活動が，明らかに広告等のプロモーション手段であることを考えれば，ストロングと全くの同一見解であると捉えることができるのです。

　以上のように，オルダーソン，ナーバーとサビット，コトラー，ストロングのマーケティングにおける「ニーズ」と「欲望」に関する見解は，基本的には全く同じである，と考えてよいことが理解されます。これらの見解を今一度整理すれば以下のようになります。

　まず，「ニーズ」とは，人間の意識内に生じる何らかの「欠乏感」であり，それを"埋めたい"あるいは"充足したい"という意欲そのものということになります。人間は本来的に，意識内にそのような「ニーズ」を発生させる意思が存在しており，したがって，外部からの刺激とは別の次元で，その個人の社会的生活環境において内発的に醸成されるのが，この「ニーズ」なのです。言

い換えれば，「欲望」にとって「ニーズ」とは，所与的に条件づけられるもの，と考えることができます。それゆえにマーケティングは，この「ニーズ」の存在に対して「必要ではないが何かが足りない」という認識を積極的に引き出し，それが企業の特定の提供財によって充足され得るという"期待認識"を創り出すことをしていくのです。そして，この特定の提供財に対する"期待認識"の創造こそが，消費者を具体的な購買へと向かわせる「欲望」となるのです。したがってここにおいて，まさにマーケティングとは，「ニーズ」を満たす手段として認識される，という「欲望」を創造する作業をするがゆえに，「欲望喚起装置」としての「マーケティング」という役割が強調されることになるのです。

5. ニーズ概念の再検討と願望概念の重要性

　しかし，このように「ニーズ」概念を検討するにつれて疑問となるのは，本当に「ニーズ」とは人間に本来的に備わっているものなのかどうなのかということです。すなわち，「ニーズ」もしくはストロングの言う「先天的欲望」の発露の源はどこなのか，あるいは，なぜどのようにしてそれが発生することになるのかということです。実際，「ニーズ」とは全く内発的なものであり，人間の外部的要因の影響からは完全に隔絶したものとして存在しているのでしょうか。

　もちろん，ここで言う「ニーズ」とは，生物としての生存に関わる緊急性ニーズ（たとえば，飢えや貧困の状況から発せられるニーズ）の段階ではなく，生産力に関する経済的発展段階としてすでに飢えや貧困を克服した，現代社会おける人々のニーズに関することです。このことからすれば，この時点で，すでに「ニーズ」もしくは「先天的欲望」は，そもそも決して"先天的"であるのではなく，人間社会との外部的な関わりからも影響を受けるものである，と理解するのが極めて適切なのかもしれません。

　たとえば，飢えている状態での「空腹を満たしたい」という先天的欲望が向かう先の後天的欲望と，飽食の時代とすら言われるような現代の日本という社会において人々が感じる「空腹を満たしたい」という場合の後天的欲望とでは，

その有り様は，全くその必要とされる「モノ」の具体性が異なると言えるでしょう。前者の場合であれば，食べ物でありさえすればどんな物でも充足感を抱くでしょうが，後者の場合であれば，何でもよいというわけにはいかないはずです。あるいは，「健康でありたい」という欲望も，健康情報の溢れる現代における欲望の向かう先と，そのような情報は特別に関心のある人だけしか持ち得なかった時代とでは，その欲望の向かう先は異なると言えるでしょう。

　このような意味からすれば，たとえば，先天的で純粋的な欲望である「健康でありたい」とか，同じく社会的欲望としての「有名になりたい」，あるいは「恋愛したい」，「子どもを愛したい」などというのも，その思いの強弱の程度や，その内容が社会的（あるいは人為的）環境において異なるものとしても，先天的な欲望として表現されていることは，言説的内容としては「〜したい，〜でありたい，〜であればいいなあ」といったいわゆる「願望（夢や希望，期待など）」と認識して捉えることの方が，適切なのかもしれません。このような，将来に向けての「願望」という概念レベルでの人間の意識は，「ニーズ」認識に先立つ思いとして，人間が生物的社会的な存在である限りにおいて，時代や場所に関わりのない不変的な願いであると考えられるのではないでしょうか。したがって，「願望」という人間の意識を認識していくことにおいてこそ，「ニーズ」概念を明示化するための対象が存在し，さらにはその「ニーズ」を満たす手段としての具体的な「欲望」概念へと連鎖し，昇華させていくための本質的根源があると考えられるのです。

　ところで消費行為とは，「モノを使用し使い尽す過程そのものである」[9]とすれば，「願望」とはその消費行為に先立つものとして，事前認識されていなければならないということになります。この「願望」という言葉は，字義的には「ある結果が実現するように願い望むこと」（金田一，1994）であることから，上述したように「〜したい」とか「将来は〜のようになりたい」といった「夢や希望，期待」としての意味を表現する用語であると言えます。もちろん，これは，英語の"hope"や"wish"の概念とも一致します（島岡，2002）。人間の日々の生活において，常に先の時点における自身の状態との脈絡で想起されることになるこの「願望」としての思いは，特に人間のライフ・サイクルの絡みで捉えたときに，かなり一般的な認識概念となります。

　たとえば，子どものときに抱く願望，学生の時期や受験の時期に抱く願望，就職時期に抱く願望，恋愛時期に抱く願望，新婚時期に抱く願望，子どもが誕生し親として抱く願望，孫ができたときに抱く願望，あるいは，仕事上における役職上の願望や，人間が様々な局面で抱く好奇心的願望等々，社会的存在としての人間が，このように人と人との関係を前提とした中で生じさせる「願望」の内容というのは，いかなる時代であれ，いかなる民族であれ，そのような時間的空間的枠組みを越えて共通に抱く感情であると言えるでしょう。様々な多くの友人と遊びたい，学習能力を向上させたい，恋人との楽しいときを過ごしたい，一緒により美味しい物が食べたい，子どもや夫をより健康にしたい，親を慰労したい，仕事の能力を高めたい，有名になりたい，社会的な力を誇示したい等々，このような「願望」は，世界中の誰もが共通に抱く思いのはずです。そして，このような未来に対する「願望」としての漠然とした思いを実現するための手段として何を求めるのか，あるいは，何を道具としてその思いを具現化するのかは，その求める具体的な対象が財に向かう場合であれば，時代や空間ごとに獲得可能な財の有り様が異なるだけなのです。

　オルダーソンらの見解においては，所与の条件として，何らかの内発的な欠乏感が存在し，そして，そこから"必要である"と認識された財に向かう思いこそが「欲望」である，とされていました。しかし，これまでの識論からすれば，所与の欠乏感としての「ニーズ」から出発するのではなく，その何かが必要であるという「ニーズ」に先立つ意識としての「願望」の存在を把握することがまず重要だ，ということになります。その理由は，「ニーズ」に関する消費者認知を創造するための手掛かり情報は，その「ニーズ」を明示化するための前提となる「願望」の中にこそ潜んでいる，と考えられるからです。しかもこの「願望」は，必ずしも人間が外部との関連なしに内発的に抱くことができるような意識ではないことにも注意を要するのです（これは後で述べられるように，消費者が必ずしも自らの「ニーズ」や「願望」について，明確に認識しているとは限らない，という事実からも言うことができます）。

　すなわち，その個人を取り巻く社会的状況や経済的状況，あるいは文化的な状況といった外部刺激からも，個人の願望の有り様は影響を受け，左右される存在でもあるのです。子どものころに抱く願望は，親からの教育状況によって

も異なるでしょうし，社会人としての個人が抱く願望は，所属した企業の文化や同僚からの影響を多分に受けているでしょう。したがって，このような影響関係からすれば，「ニーズ」の根源となるこの「願望」の水準においてすら，外部刺激としてのマーケティングによって影響を与え得る対象である，と認識することが可能になるのです。

　たとえば，「サッカー選手になりたい」というわが国の子どもたちの願望は，Ｊリーグのマーケティングが1992年に華々しく行われるまでは，ほとんど存在していませんでした。つまり，プロ野球の選手になりたいという子どもはいても，プロのサッカー選手になりたいという子どもは，ほとんどいなかったのです。しかし，Ｊリーグの発足と同時に，Ｊリーグの試合がテレビ放映されるようになり，スター選手たちが多くの歓声を浴びながら，観客らを華麗なプレーで魅了する姿を目の当たりにするにつれて，子どもたちの間では，毎日のようにプロサッカー選手の活躍が話題に上るようになりました。さらに，彼らを憧れの目を持って見るようにさえなったのです。そして，Ｊリーグの発足とともに同時並行で進められたプロ選手の育成システム，すなわち，地域の子どもたちのクラブ・チームから，中学，高校，そしてクラブ・ユースといった育成制度が整えられたことによって，子どもたちのプロサッカー選手への漠然とした憧れが，実現性のある願望へと，その輪郭を露わにしていくこととなったのです。

　つまり，まずはそのリトル・クラブ組織に入ることによって，どのような子どもにも，その願望を叶えられる機会が均等に与えられていることの理解や認識が促されたのです。ここにおいて，プロのサッカー選手になりたいという子どもたちの願望は，それを叶えてくれる必要財としての特定の「リトル・クラブ」組織に入りたい，という具体的な欲望へと昇華されるに至ったのです。

　このように，買い手の「願望」がどこにあるかを探索し，その願望達成に貢献できるような売り手の提供財を創造するという視点は，同時に，その逆の創造プロセスも可能である，という視点をもたらすことにもなるのです。すなわち，マーケティングは，消費者に対して，特定の財として具体的な製品やサービスの姿を見せることによって，一般的に内発的に生じると思われているこの「願望」すらも創造することができるということです。このような逆の創造プロセスが可能になるのは，消費者は必ずしも自らの「ニーズ」や「願望」につ

いて明確に認識しているわけではないことの証でもあります。

6. マーケティングの役割認識と欲望創造に向けたプロセス

　ここにおいて，マーケティングの役割はかなり明示的になってきます。すなわち，「願望」自体の発生は個人の内発的な場合もあるにせよ，個人を取り巻く外部環境と完全には独立していないことから，願望発生に対する影響力を持つ環境として，企業は間接的に関係を持つことが可能となるのです。したがって，そのような「願望」を実現する意欲を喚起する環境として，企業はマーケティング行為を絡み込ませていくことが可能となるのです。要するに，企業は意図する特定の財に関して，マーケティングを通じて願望達成意欲と結び付けることで「ニーズ」の意識を喚起し，個人の向かうべき「欲望」の具体的対象としての特定の財自体を認識させることが可能となるのです。

　このように考えると，マーケティングは「欲望」の創造に向けて，2つの作業アプローチを行うことになります。それは第1に，販売の対象として想定される消費者が"いかなる願望を持っているのか"を察知する作業です。「願望」が探索され，その消費者の現状がどのような状態であるかを観察し，把握してはじめて，その願望達成のためには，その消費者が現在有している"いかなる問題を解決することが必要か"という消費者の「ニーズ」が明らかにできるのです（ただし，先述したように，この発見されるべき「ニーズ」とは，消費者が必ずしも明確に認識しているとは限らない，ということに，注意をする必要があります）。そして第2の作業とは，その消費者の願望達成のための問題解決手段として，マーケティング主体であるその企業の提供財がいかに適切であるのか，ということについて情報創造し，理解を促し，そして購入されやすい販売環境を整備するという具体的な諸活動を展開することです。このようなマーケティング・プロセスが容認されるのであれば，第1の作業なくして，第2の作業において適切な成果が生み出されるとは到底考えられないのです。

　しかし，現実の多くの企業において観察できることは，この第1の作業を無視して，第2の作業から入るということです。たとえば，従来のマーケティング・リサーチでは，新製品開発に際して「あなたはどのような製品やサービス

を欲していますか？」とか「どのような製品を買いたいですか？」といった質問をすることで，消費者から直接的に，製品やサービスに対していかなるニーズを持っているのかを聞き出す作業が行われてきました。すなわち，たとえばそれが製品であれば，いかなる品質や性能で，いかなる価格で，いかなるデザインで，などといった製品属性的購買要因を聞き出すことに精を出してきたのです。また，よく売れた製品に対しても，「その製品の何が気に入って購入されたのですか？」という質問を行ってきました。しかしこうした問い掛けは，単に購買に至った"きっかけ"を聞いているだけで，その真の購買動機を知ることには繋がりません[10]。

　しかも，消費者自身がそのニーズを十分に把握し得ない状況下で，特定の製品を想起させたり，あるいは評価させたりすることは，全くナンセンスと言ってよく，実際このような方法から画期的な製品が開発されたり，過去にはなかったような全く新しい需要が掘り起こされたりといったマーケティング経験は，皆無と言ってよいほど少ないのです。単純に考えても，新製品とは，消費者にとって未知の品質や性能，デザイン等々から成る"未だ彼らの経験したことのない製品"であり，具体的な姿を見たことなどない製品のことを言うのです。

　消費者は，過去の知識経験において想起される範囲内でしか，必要な製品の姿をイメージできません。まして，新しい技術に関する知識などは企業の技術者以上に有していませんから，新製品開発に真に有効な情報など，全く聞き出せるわけがないのです。また，売れた製品の価格や性能，デザインといった表面的な特質を明らかにしてその模倣的製品を開発したとしても，再度売れる製品に成長するかどうかなど，全く保証の限りではないのです。これらのことは，多くの過去の事例に見るがごとくであり，マーケティング担当者であれば，周知の事実と言えるのではないでしょうか。

　このような状況からしても，消費者から聞くことのできる事実としての価値ある情報とは，彼らが現在有している「願望」に関する情報だけではないか，と言い切っても過言ではないかもしれません。要するに，消費者の現在あるいは将来の生活について，いかなる夢や希望，期待といった「願望」を有しているのか，ということについての情報探索の成果にこそ，マーケティング戦略上最も有効に利用できる価値ある情報が見出せる可能性が高いのです。当然，そ

のような願望探索においては，その消費者の願望達成意欲がどれほどであるかという強弱の程度を知ることも可能になるでしょう。このような情報を前提としながら，それを充足するために何が必要となるのかについては，その事後ステップとして，企業側が自らの提供財の能力に関する資源的可能性と技術的可能性を前提に検討していくことになるのです。

　ただしこのとき，消費者の願望達成や願望充足においては，2つの方向性が存在することに注意しなければなりません。すなわち，願望充足に〝必要なもの〟というのが，企業の提供財に向かう場合と向かわない場合があるということです。たとえば，財に向かう場合とは「より健康になりたい」という願望を有する人が，近所に適切なフィットネス・クラブの存在を知ることによって，「そのサービスを購入したい」という特定の財に対する「欲望」が発生する場合を言います。しかし一方で，そのような願望を有する人が，たとえそのフィットネス・クラブの存在情報を知っていたとしても，経済的な理由や場所的な理由，あるいは信念的理由から，願望達成の手段としての財に対する欲望認識が発生せず，居住地近くの公園をジョギングすることによって，自らそれを達成しようとすることもあるのです。要するに，願望達成意欲が，企業の提供財に向かわなかった場合です。

　しかしこの場合でも，消費者の「願望」が探索されていたとすれば，経済的信念的な状態の内容や，フィットネス・クラブのサービスを購入しないことを前提とした願望達成に必要な諸条件を調査・推察することによって，このフィットネス・クラブのサービス購入に向かわない願望を持つような消費者に対してさえも，適正価格で提供される適切なジョギング・シューズや発汗吸収性の高いトレーニングウェアの情報といった，別の提供財に関する情報提供は可能となるに違いありません。すなわち，そのような別の提供財（モノ）に関する情報について，巧みな広告表現で示すことによって，「健康になりたい」という願望を達成するための必要財として，「この商品を買いたい！」という「モノ」に向かう具体的な「欲望」を創り出すことができるかもしれないのです。

　また，同様に，母親が子どもの健康を願う「身体の強い子どもに育ってほしい」という願望に対しては，上述のフィットネス・クラブが子ども用のプログラムを整えることによって，その母親に向けて，願望達成の支援財としての価

値を提供することができるとすれば，「そのフィットネス・クラブに子どもを入れたい」という母親の「欲望」を創造することができるかもしれないのです。このように考えれば，まさに，ここで言う"願望達成の支援"というのは，消費者の生活戦略上における問題解決機能としてのマーケティングの役割が強調されているということに他ならないでしょう。それゆえに，この問題解決機能を消費者の願望達成意欲と結び付け，そのニーズ充足手段としての存在価値を認識させるために必要不可欠なのが「製品コンセプトの創造」となるのです。

　なお本来的には，サービス財の提供開発においては「サービス・コンセプト」となり，それが小売業者の行う店舗ビジネスにおいては「ストア・コンセプト」となりますが，その考え方において相違がないことは，先に述べたフィットネス・クラブのケースで明らかと言えます。したがって，以下では，サービス財等についても「製品コンセプト」に代表させて，これらの問題を取り上げていくことにします。

7.「製品コンセプト」の創造視点とその影響性

　ここまでの考察からすれば，「製品コンセプトの創造」とは，消費者が有する願望達成を支援するために必要な問題解決機能としての役割を有するもの，と位置付けることができるでしょう。したがって，マーケティングが行うべき欲望の創造に向けた２つのアプローチにおいて，この製品コンセプトの創造とは，第１の作業に対する事後概念として，すなわち販売の対象として想定される消費者が"いかなる願望を持っているのか"を把握し，さらにその願望達成のためには，その消費者が現在有している"いかなる問題を解決することが必要か"，ということが明確にされた後の事後ステップとして認識されることになります。したがって，この製品コンセプトの創造とは，第２の作業アプローチの根幹的部分を担うものとして，企業が製品開発を行う際の中核的存在として設定されるべきものとなります。つまり，消費者に対して，マーケティング主体である"企業の提供財がいかに適切であるのか"ということについて，市場へ情報創造をする際の根幹的部分を担うのであり，どのような問題解決をもたらすのかについて明示化する作業こそが，この"製品コンセプト創造"なの

です。

　このように考えると，先述したことが再度強調されることになるのではないでしょうか。すなわち，第1の作業なくして，第2の作業に適切な成果が生み出されるはずがない，という言明です。従来の製品開発においては技術開発が優先され，その開発された技術をどのように製品化（収益化）させたらよいか，というプロセスのもとに展開する傾向がありました。つまり，技術開発競争をベースにした展開です。したがって，消費者の声に上る製品属性において，少しでも開発・改良された技術が正当化され，製品として搭載できる余地がないかを模索するためのマーケティング・リサーチが行われていたと考えることができるのです。消費者に対して，具体的な製品の品質や性能的仕様に関する情報を要求したところで，そのような物理的有用性に対する具体的特定的回答が得られないのが現実です。

　経験の教えるところによれば，また**第4章3.**での説明からも明らかなように，生活上の必要性の程度が高く，しかも便宜的効用の程度が高い画期的な新製品とは，消費者の認識を超える技術に裏打ちされたものや，消費者の意識せざる用途の提案が企業によってなされた結果であるところのものが多いと言えます。すなわち，消費者の欲するところの財として消費者自身によって想起されるものは，既存の市場においてすでに存在しているものを前提としてしか考えられないのが一般的なのです[11]。当然，消費者には認知限界があり，今まで暮らしてきた生活上の消費行為に対する知識・経験の枠組みの範囲内でしか，物事を思考することができません。したがって，消費者が思い描くことが可能な世界観としては，せいぜい既存製品の改良案程度のアイディアしか想起されないことが多いのです。それゆえに，製品属性について，消費者から直接探索するようなマーケティング・リサーチを実施したところで，マーケティング戦略上，あるいは製品開発上で成功を収めるほどの有用性の高い情報を得るには，本来的に限界があったのです。

　さて，ここからは，製品コンセプトの発想のあり方について，考えていくことにしましょう。買い手の願望を叶えるための手段として，具体的価値対象となる製品を創り上げるための製品コンセプトの発想には，以下のような思考を必要とします。ここでは携帯電話を例に，夜遅くまで学習塾通いをする小学生

の子どもを持つ母親を想定したいと思います。

　夜遅くまで子どもを学習塾に通わせている母親が真っ先に抱く思いとは，子どもに対する安全への願いでしょう。このような思いは，同じように，学習塾に通わせている環境にある母親すべてにとって，共通の思いでもあるはずです。したがって，このような状況下にある母親にしてみれば，子どもの安全の状況がいつでも確認できることが，自身の有する不安を解消させる一助となるに違いありません。そして，そのような不安を解消させるべく，子どもの安全状況をいつでも確認したい，という問題を解決させることに成功すれば，それこそ母親が有する "安心を得たい" という願望が満たされることになります。

　このような状況下にある母親に対して，携帯電話をどのようにコンセプト化し，問題解決としての消費価値をどのように創造したらよいのか，ということについて考えた時，携帯電話という製品を，単に "通信手段の道具" として売り出したのでは，母親にとって "子どもに対する安全が確認されることで安心を得たい" という願望を満たすことは叶いません。携帯電話という製品が「連絡手段としての携帯電話」とコンセプト化されるのと，「母親の安心を生み出す携帯電話」とコンセプト化されるのとでは，母親の有する願望をいかに充足させることに成功するかという点において，さらには，特に母親にとって "必要性のある製品" として受け止められるのかという点において，認識のされ方が全く異なることになるはずです。前者のような，通信手段という物理的道具として売り出されている状況では，どれだけの母親が，子どもに持たせるべき製品として認識し，購買に至るでしょうか。その携帯電話が，母親にとって通信手段としての消費価値認識しか得られないのであれば，それこそ，昨今問題となっているネット依存やゲーム依存症の方こそ心配の種となり，とても子どもに持たせることができないものとして，嫌厭されてしまうかもしれません。

　一方で，「母親の安心を生み出す携帯電話」としてコンセプト化された場合は，どうでしょうか。子どもに持たせることになる携帯電話の機能的特性としてみれば，GPSのような位置確認機能や，塾および家庭への連絡操作機能のみで十分であり，ゲーム，インターネット，メールといったその他の機能は，必ずしも必要ではないことになるでしょう。要するに，母親が安心を得るという消費価値をもたらす携帯電話としてみれば，母親が有している願望を充足させるた

めに必要な機能に特化してしまえばよいのです[12]。製品の使用者は子どもであるかもしれませんが，"真の購買者"として，製品を通じて安心を買うことになるのは母親なのですから。したがって消費価値として母親に安心をもたらすに必要な機能が備え付けられさえすれば，最新の機能を搭載した携帯電話である必然性はなくなるのです。

　この携帯電話の例からは，消費者の有する願望を捉えることによって，製品コンセプトの視点すらも変わることが，理解されるのではないでしょうか。消費者の願望を捉えることによって，問題解決として与えることになる消費価値も変わることになり，さらには，製品に対する消費者の必要性への認識も全く変わることになるのです。

　マーケティングにおけるプロモーションとは，この製品コンセプトを市場に知らしめ，理解を促進させるための具体的な表現行為にほかなりません。したがって，まさに当該コンセプトを消費者にとってわかりやすく，いかに伝えるか，という"プレゼンテーションの問題"そのものとして捉えることができるのです。具体的には，先の携帯電話のコンセプトを持ち出すと，子どもの遅い帰りを心配する母親が，帰宅中の子どもからの携帯電話による連絡を受けて安心するというシーンを，テレビCM等によって消費者に示すことで，携帯電話という製品が，"母親にとっていかなる消費価値を有するものであるか"を知覚させ，認識させていくことになります。このような作業を担うのが，プレゼンテーションとしてのプロモーション行為にほかならないのです。夜に塾通いをさせている子どもを持つ母親の大部分は，子どもに携帯電話を持たせる必要があり，そのために適切な携帯電話を選択したいという特定の財に向かう欲望を発生させることになるでしょう。

　同様に，年老いた一人暮らしの親と別居をしている子どもが，携帯電話によってその心配が解消される，といったシーンの提示は，そのような親を持つ子どもすべてに，携帯電話は上述の子どもを思う母親の場合と同様の価値が存在するものと認識させることになるでしょう。もちろん，この場合の製品の品質特性として，子どもに持たせる場合には，先に述べたように，GPSのような位置確認機能や，塾および家庭への連絡操作機能のみで十分となるのであり，また，高齢者に持たせる場合には，文字表示を大きくしたり，音質を高めたり，

操作の簡便性を重視したりしなければならないのは，当然のことと言えます。

いずれにしても，製品コンセプトを設定することによってはじめて，その願望を叶えるために必要な，手段財としての製品の具体的な姿を描くことが可能となるのです。したがって，「製品コンセプト」の創造なくして「製品の技術的アイディア」など検討できない，ということが理解されるのではないでしょうか。まさに，「製品コンセプト」創造の事後概念として，どのような技術やサ・ビス等を駆使して財としての効用をもたらすか，というコンセプトの具現化に向けた「製品の技術的アイディア」の検討が要請されるのであり，技術開発をベースとした製品属性の検討からはじめる製品開発などは，消費価値の点において，無目的的となる製品を市場に出してしまう可能性が高くなるのです。

このように考えていくと，「製品コンセプトの創造」における視点やその発想こそが，マーケティング戦略を展開するために必要な根幹的部分であり，また，具体的な製品開発を進めていくうえで中核的部分を担う存在として機能していることが理解されるでしょう。この製品コンセプトの創造視点にしたがって，第2の作業である，市場への理解を促すための具体的なアプローチ方法も見えてくるのです。まさに，製品コンセプトさえ決まれば，4Pの具体的な内容は必然的に決まらざるを得ないのです。

したがって，この製品コンセプト（あるいはその創造視点）こそが，市場での消費価値に対する認識を決定づけ，必要財としての認識を醸成させるための根幹を握っていると言えるのです。このことは，製品コンセプトが企業の戦略成果を左右するものとして，あるいは差別的優位性を確保するための前提として機能しているということにほかなりません。したがって，この製品コンセプトの設定において，どのような視点からコンセプトが表現されたのか，すなわちどのような視点から消費者の有する願望を捉えたのか，という捉え方自体の問題が極めて重要性を帯びてくるのです。

8. 「真の購買目的」探索の重要性

重要であるのは，消費者においてある特定の財を手に入れたいという欲望が発生するのは，いかなる願望に基づく"どのような目的達成のため"なのか，

あるいはいかなる願望を有しており，"どのような問題を解決しようとしたため"なのか，という特定の財への購買へと向かわせることになる動因に関する情報を掌握することです。したがってそのことは，消費者が購買行為という欲望充足を通じて実現させようとしている願望の戦略目的は何か，という問題を解き明かすことを要請するのです。消費者が意識的にも無意識的にも行っている"願望達成という戦略の目的"を捉えることこそが，実は願望探索において，あるいは現在有している問題を掌握することにおいて不可欠な情報収集対象となるのです。

　この願望探索や願望達成に向けた問題を掌握することができなければ，コンセプト創出もできないのであり，延いては，消費者の欲望の向かう先となる特定の製品やサービスの開発も不可能となるのは言うまでもありません。特定の財へと向かう欲望の具体的な充足目的は，消費者の"生活の脈絡"の中にある願望達成意欲にこそ内在していると考えられ，したがって，消費者をその特定の財の選択へと導くことになる「真の購買目的」を明らかにしていく作業こそが要求されることになるのです。

　企業という組織購買者における戦略目的は，容易に理解できるでしょう。それは一般に，経済的な意味での収益の確保や増大，そのために必要な市場占有率の増大，その企業の属している業界や市場における名声の獲得，従業員の福利厚生的利益の増大等々，基本的には経済的価値の増大という戦略目的の達成へと向かうことであると考えることができます[13]。したがって，いかにして生産もしくは再生産，または販売もしくは再販売のために好都合な資源獲得方法を採るのかが最大の関心事となり，それゆえに経済的価値の増大に適うと判断されるような財を売り手は提供すればよいということになります。

　しかし一般的に消費者は，再販売目的で製品やサービスを購買するわけではありません。あくまでもその製品の有する効用としての物理的・意味的な使用価値を消費するために購買すると言えます。たとえば，エアー・コンディショナーという製品は，冷房と暖房という物理的な機能に対する消費と，現代社会において"時代遅れ"の家庭だと思われたくないという意味的な価値に対する消費という，2つの理由のために購買されるのかもしれないのです。これら2つの理由は，多くの消費者に共通する購買目的でもあるでしょう。

　もちろんそれだけでなく，ある家庭では，「夏の子どもの勉強環境を快適にしてあげたい」，あるいは「エアコンに搭載された空気浄化機能が，アレルギー疾患を抱える子どもの健康によいかもしれない」といった理由であるかもしれません。すると，一般的に消費者が購買理由として答えるであろう「部屋を涼しく快適にするため」，「皆が持っているから」といった前者の理由に比べると，後者の子どもに対する愛情ゆえの理由は，なかなか表には出にくい理由なのかもしれません。そうだとすれば，前者のように答えた一般的な購買目的の背後に隠れているその家庭に固有の購買目的，あるいは，親がエアコンを購買意思決定する決め手となった購買目的こそが「真の購買目的」である，と認識することができるでしょう。

　同様のことは，本章**4.**でも触れたように，スーパーマーケットで母親が，"カルシウムが特に豊富"であることをイメージさせるようなネーミングの牛乳を購買したとき，それは自分が飲むためではなく，「子どもを健康にしたい」という母親としての願望が叶えられる手段として認識され，選択するに至ったのかもしれないのです。そこには，実は母親としての様々な生活戦略があり，その戦略達成を目的とした，家庭の購買代理人としての「買い物」という"仕入れ"行為が，その目的達成のための手段として実行されていると考えられるのです。

　恋愛中の男性にあっては「相手の女性をどのように楽しませるか」という戦略目的のために，それに適切と思われる特定のテーマ・パークやレストランといった場所の選択を考えているはずです。そうであるとすれば，選択されたテーマ・パークやレストランの従業員は，その彼の戦略目的に奉仕しなければならないということになります。その他にも，「病気がちの夫を，料理を通じて健康にしたい」という戦略目的を達成したい，と考えている主婦に対しては，スーパーマーケットの食品売場の従業員は，その主婦の戦略達成に繋がるような商品を薦めなければなりません。

　また，「子どもの喜ぶ笑顔が見たい」という願望を達成するための手段として，父親がチョコレートを土産に買って帰るのであれば，企業は間違いなく子どもの笑顔が引き出せるような，たとえば子どもに人気のあるキャラクターをデザインしたり，あるいは子どもが美味しいと感じたりするようなチョコレートを製造・販売しなければならないことになるでしょう。もし，結果的に子どもが

喜ばないものであれば，その父親は，2度とそのブランドを子どもへの土産として購買しないでしょうし，他者にもその経験を伝えることになるでしょう。

　上記の恋愛中の男性が，相手の女性を特定のテーマ・パークやレストランへ連れて行き，その女性がそこでの経験に満足して楽しんだことが確認されたとすれば，そのテーマ・パークやレストランは再度選択されるかもしれませんし，そこで得た楽しい経験は，他者にも伝えられることになるでしょう。病気がちの夫が，スーパーマーケットで推奨された商品や食材によって，その病が少しでも改善されたとするのであれば，そのスーパーマーケットに対する主婦の信頼性は一層高まるでしょうし，そのことは他者にも伝えられことになるはずです。

　このように，消費者においても自らの購買の先にある願望達成という"生活上の戦略目的"が存在するのであり，その戦略目的達成のための手段として特定の財が選択されているということは，企業が自らのビジネス上の戦略目的を達成させるために特定の資源獲得に向かうときの財の選定理由と全く同じ視点で行われている，と理解することができるのではないでしょうか。企業の場合においては，売り手の戦略目的が達成されると，その成果は金銭的収益となり返ってくることは明らかです。

　他方，消費者の場合においては，たとえば，子どもや夫をより健康にしたいという願望（生活戦略）達成のために，特定の牛乳や食材を購買した主婦の"再販売相手"とは，まさに自分の子どもや夫となるのであり，その"販売成果"は子どもや夫の笑顔や健康の実現，感謝の表現といった形で返ってくることになるのです。したがって，成果の形態は異なるにせよ，企業の場合であれ消費者の場合であれ，"戦略目的の達成という行為とそれによる再販売相手からの成果の獲得"ということ自体は，本質的に全く同一の現象が発生していると認められるのです。

　したがって，以上のことからすれば，売り手の提供財の買い手には，再生産や再販売を目論む企業などの組織購買者であれ，消費者（最終消費者）という買い手であれ，何らかの「販売対象」が存在するのであり，それに向けた販売戦略の達成を前提とした資源獲得という買い物行為が展開されている，と言えることになるでしょう。それゆえ，そのような意味からすれば，常に「買い手の仕入れ／買い物戦略 は，販売／生活戦略 に従う」，と考えることができるのです。

　ここにおいて，いかなる買い手であれ次なる販売対象が存在していることから，まさに売り手と買い手との間の取引関係の本質とは，「売り手─買い手間関係」として捉えるのではなく，「売り手─売り手間関係」として認識する必要があると言えるのです[14]。すなわち，売り手はその提供財について，「買い手の仕入れ／買い物戦略 にいかに貢献できる財であるのか」という点を訴求するのではなく，「買い手の販売／生活戦略 にいかに貢献できる財であるのか」という点をこそ買い手に訴求していく必要があるのです[15]。このような訴求点の変化の先に，すなわち，買い手の戦略目的としての「真の購買目的」に貢献し，その買い手の願望達成をどれだけ支援できるのかによってのみ，売り手としての戦略目的の達成が，延いては，売り手としての自らの願望達成が可能になる，ということを忘れてはならないのです。

　なお，産業財企業において「売り手─売り手関係」の視点から新たな製品コンセプトを見出して，画期的な新製品開発に繋げた実践的な成功事例については，小堺（2006，22-36頁）に詳しいので，参考にしてみてください。また，本書のShort Case 1で披露された「三方よし」の考え方において，「世間」として位置付けた買い物客と観光客は，実は，買い手の１人となる商店街・建築物オーナーの"売り手としての立場"に目を向けた捉え方に他なりません。

9.　買い手における欲望認識の変化とマーケティング対応

　ところで，願望刺激に基づくニーズの充足手段として特定の財に向けられる買い手の欲望は，購買行為とそれに続く使用・消費行為によって満たされることになるわけですが，いったいその欲望の対象や内容とは，買い手および使用者の認識において，どのように変化していくことになるのでしょうか。マーケティングが，消費者の生活の脈絡の中へ入り込んでいくことを志向する限り，消費者の特定の財へと向かう欲望の対象は，個人や家庭において固定的なものとして捉えるのではなく，生活を営むことで発生する経験や学習によって，その内容すらも進化していくものとして認識する必要があるはずです。図表５-２は，この現象について示したものです。なお，以下では，消費者の特定の財へ向かう欲望を中心とした言及が行われますが，個人や家庭が有する願望や「真

図表5-2　消費者の学習と欲望対象の変化

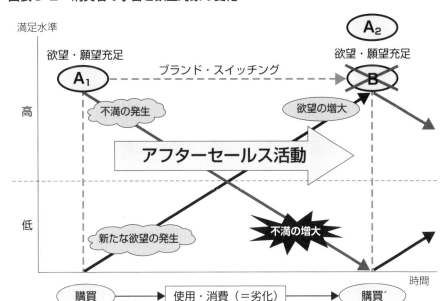

出所：大友（2004, 51頁；2014b, 121頁）を一部加筆修正。

の購買目的」についても，全く同様の現象が見られます。

　ニーズの充足手段として特定の財に向けられる買い手の欲望とは，何らかの特定の財（ここではブランドA₁）が購買された時点をもって，まずはその時点での欲望や願望が満たされることになります。一方で，購買された財自体は，使用時間の経過とともに，とりわけ物理的有用性の面において劣化していくことになると言えます[16]。他方，買い手としてみれば，使用時間の経過とは購買した財の消費の過程に他ならず，その財に対する使用の習熟を進展させていく時間となるのです。しかし，この財に対する買い手の使用の習熟とは，文字通りその財の使用に慣れていくことを意味するばかりではなく，購買時点では十分に満足できていたはずの財に対して，徐々にその欠点を認識できるようになる時間でもある，という点に注意をする必要があるのです。

　すなわち，財の使用の習熟とは，財を使いこなすことによる買い手自らの新たなニーズや問題点の想起（もっと～～だったらよいのに…）をはじめ，他の同

種財に関する情報獲得機会を得たり，あるいは，より新しい効用度の高そうな
財が市場に登場したりすることによって，現在使用している財についての欠点
を認識できるようになる期間でもあるのです。したがって，その欠点の認識と
は，現在使用している財に対する"不満の発生"でもあると捉えることができ
ます。その不満が常に他の同種財や新しい財との相対的な比較の中で生起して
くるとすれば，それはより新しい財への"新たな欲望の発生"である，と捉え
ることができるでしょう。そしてその不満と新たな欲望との交差点を超えると，
「機会があれば，できるだけ新しい財と取り替えたい」との思いが一層強くな
るのです。図表5-2では，ブランドA₁の劣化（使用・消費）が進み，使用不
可能だと感じる状況が近づいてきたところで，新たな他社ブランドBが購買さ
れることを示しています。すなわち，ブランド・スイッチング（brand switch-
ing）が生じたことを，この図は示しているのです。

　この図の重要な点は，特定の財に対する不満の発生プロセスは，新たな財へ
の欲望の発生プロセスでもあるということです。すなわち，財は買い手に購買
された時点から，その財の価値評価に関する経験的学習がなされることによっ
て，買い手の欲望や願望はどんどん進化していくのです。したがって，この図
から示唆される戦略的な認識は，ブランドA₁を扱う企業は，その使用者のブ
ランドBへの買替えをいかに阻止するかを考えなければならない，ということ
になるでしょう。そこで，ブランドA₁が購買された時点から常に買い手を監
視し，その不満の解消を積極的に進めるようなマーケティング対応を行うこと
が重要となるのです。

　たとえば，それは，不具合が生じたときの迅速なアドバイス提供にはじまり，
無償修理，その間の代替品の無料貸与，自社の新たな財（後継機種財）の情報
提供や買替え時期の提案，またその際の下取り価格の提示，などといった積極
的な支援活動を展開することによって，自社のブランドA₂という新製品を購
入してもらえるようなマーケティング活動を展開することが，極めて重要とな
るのです。まさに"売った後こそが真のセールス活動のはじまり"なのであり，
いわゆる「アフターセールス」概念[17]を理解することの重要性が，ここにおい
て示唆されるのです（この「アフターセールス」概念については，**第7章**において
詳述されることになります）。

　このような，欲望や願望の進化と需要との関係についての事例は，枚挙にいとまがないほどにあります。たとえば，パーソナル・コンピューター（PC）市場においては，その特徴を顕著に読み取ることができるでしょう。PCが最も普及伸び率の高かった「Windows 95」発売当時と比べれば，今日の多くの消費者は，PCに関する知識が格段に増えたと言えます。自分自身のそれぞれの用途に合った使い勝手のよさこそが，PC選択時の最重要視点となり，インターネット販売を通じたPC購入も随分と盛んになってきました。特に，価格と性能のバランスを重視するような業務用の大量需要においては，低価格でカスタマイズ可能な専門的用途に応えられるメーカーのPCがシェアを伸ばし，また，持ち運びしやすく，商談時において顧客に様々な情報を提示しやすいパッド型やタブレット型のPCが，個人用途も含めて需要を伸ばしている状況にあります。さらには，PC機能の多くをスマートフォンのような携帯端末で代替できるようにもなりました。

　しかし，このような，需要者側・使用者側のPC利用に関する学習が格段に向上した今日に至っても，従来わが世の春を謳歌してきた日本の大手メーカーのPC販売の現場では，相変わらず，付属ソフトの多さやデザイン性，消費者の使用・消費の脈絡にはそぐわない多機能搭載などを "売り" の中心としたマーケティングが行われており，PC普及時代初期の販売方法とさほど変わってはいないと言えます。また修理サービスにおいても，依然として売り手本位の対応が行われています。したがって，このような状況からすれば，わが国のPCメーカーの販売不振状況が続いているのも，結果としては至極当然のことと言えるのではないでしょうか。

　以上のことをまとめると，消費という行為は，買い手にその財が購買された時点から，その財の価値評価に関する経験的学習がなされていくのであり，買い手の欲望や願望は進化していくものである，と認識する必要のあることが理解されました。したがって，消費とは新たな欲望や願望を生産するプロセスなのであり，その消費のプロセスにこそ注目しなければならない，という認識へと繋がることが示唆されるのです。このような買い手の欲望や願望の進化に対応することができる企業こそが，リピートオーダー（再受注・再注文）の獲得に繋がることは言うまでもありません。本節では，消費行為と欲望や願望認識

の変化について，個人や家庭を念頭に置いた記述をしてきましたが，企業など
を購買主体とする産業財ビジネスにおいても，基本的には同様に考えることが
できます。詳細は，**第7章2.**に記されています。

考えてみよう

① 「ニーズ」と「ウォンツ」について，それぞれまとめてみましょう。また，「ニー
ズ」と「ウォンツ」の関係についても整理してみましょう。

② マーケティングが行う欲望創造とは，具体的に何をしていくことだったのでし
ょうか？

③ 「製品コンセプト」を創出するにあたって不可欠な「真の購買目的」を探索す
る際には，消費者における何を分析対象とすべきだったのでしょうか？　また，
その分析対象が重要となる理由についても考えてみましょう。

④ 「アフターセールス」活動が重要である理由は，どのような点にあったのでし
ょうか？　その理由について，売り手である企業の観点，および買い手である消
費者の観点の双方から考えてみましょう。

注

⑴　本章は，大友（2014a）の第6章および大友（2014b）の第7章を再編集し，加筆・
修正等をしたものです。それらの論稿では，本章にて割愛した内容も多く含まれてい
るため，適宜参照してみてください。なお，本章では取り上げていない内容として，
消費者の日常生活における消費行為が，その消費目的に対して，システマティックに，
連携的機能統一させながら行われていることを明らかにしたものとして，大友（2014c）
の第8章があります。この論稿では，マーケティング思考において構造主義的思考を
取り込むことの重要性，およびマーケティング戦略行為の展開として生活構造概念を
取り込むことの重要性が，詳細に述べられています。

⑵　有形財であれ無形財であれ，その買い手が生産者である場合には，製造加工や組立
てといった何らかの製造技術を付加した，形態変換による付加価値づけ，およびその
販売にともなう諸々のサービス提供による付加価値づけを行うことになります。なお，
本章で言う「効用（utility）」とは，売り手の提供する特定の財が，買い手の持つ何ら
かの欲望を満たし得る能力の程度においての消費価値としての使用価値および購買（交
換）価値そのもののことであり，主観的な満足の度合いのことを意味しています。この，
財の効用とは何かということについての説明は，**第4章**でもしましたが，より詳細な
議論は，大友（2001b）を参照してみてください。

⑶　ここで言う財の「物理的な認識価値」とは，**第4章**にて説明された「物理的有用性」
に基づく認識に相当します。したがって，財の使用者の物理的な何らかの問題解決の
ために，製造業者や販売業者によってその提供財に固有の属性として付加された解決

能力のことで，たとえば，頭痛薬であれば，実際に頭痛が緩和されるという効用であり，美容院であれば，顧客の思い通りの髪型にしてくれる技術力のことを指します。他方，意味的な価値認識とは，同じく**第4章**にて説明された「意味的有用性」に基づく認識に相当します。したがって，財の使用者の意味的・精神的な何らかの問題解決のために，使用者自らがその財に対して認める解決能力のことで，効能は変わらないにもかかわらず高価な頭痛薬を選択したり，芸能人御用達のカリスマ的な美容師のいる美容院を選択したりすることによって，自己満足感やステータスに対する欲望が叶えられる，というような価値を与えてくれる能力のことを指します。

(4)　このことは，家計が限りある収入のもとでの極大効用の達成が困難であることを思わせ，いわゆる効用関数として簡単には定式化できないことの理由にもなると言えます。日常の購買生活においては，収入の限界性に基づいて経済的合理性に則った意思決定をしたいという漠然とした願望はあっても，いかなる購買方法がそれをもたらすことになるのかについて完全な情報が得られないのであれば，経験的意思決定に従わざるを得なくなるのです。

(5)　産業財におけるこのような「できるだけ低価格で購入したい」という欲望は，資源財としての資源獲得に関してのことであり，それはあくまでも，組織内部的収益性の高い産出結果に結び付けるための手段的欲望でしかないことが指摘できます。

(6)　なお，欲望とは「認識」の水準に基づくものであると指摘することができます。これは，欲望とは人間の意識の仕方としての物事に対する判断，あるいは心理的機能の有り様を示す概念であり，測定困難な非変数概念として認識されるものです。この有り様は，その個人が属してきた自然的社会的文化的環境に影響されるため，その内的発露としての特定的な方向性を予見することが難しい概念であると言えます。したがって，そのような環境の影響に基づいて認識される欲望というものは，認識の部類として，1つの"次元"でしか定義的には捉えられないかもしれません。たとえば，「小さい欲望―大きい欲望」，「限りある欲望―限りない欲望」，「夢想的抽象的欲望―現実的具体的欲望」，「好ましい欲望―好ましくない欲望」，「緊急的欲望―非緊急的欲望」などといった尺度概念です。

(7)　なお，この日本語における両者の意味概念は，その英語である"needs"と"wants"においても全く同様と言えます。ここでは，島岡（2002）を参照しています。

(8)　ストロングのこのような考え方は，産業財のマーケティングにおいても，重要な示唆を与えてくれるものと言えます。この点についての詳細は，大友（1999）で述べられています。

(9)　この消費行為については，本章**9.**および注(16)にて，改めて説明されることになります。

(10)　これまでのマーケティングにおいて，一般的に常識とされていた欲望の捉え方では，市場における買い手の「真の購買目的」を明らかにするには不十分であったと考えられます。従来のように，特定の財に対する人間の欲望について「使用価値概念」から出発してしまうと，欲望への影響要因を，その財に固有の諸属性（たとえば，品質・性能，デザイン，価格，便宜性等々）と結び付けざるを得ず，欲望の根源をもその属性

の中に閉じ込めてしまわざるを得なくなっていたと言えるのです。要するに，その特定の財を買いたいという欲望は，どの属性に強く刺激されたために生じたのか，という点に集約させてしまうことになります。マーケティング・リサーチにおいてよく利用される多属性態度モデルによる分析は，まさにこの点に焦点を当てたものと言えます。この点に関する言及は，大友（2014b）の第7章第5節に取り上げられています。

⑾　同様のことは，フォードモーターの創業者であるヘンリー・フォード氏も指摘していたことが知られています。フォード氏は，かつて「（消費者に）もし何がお望みですかと尋ねていたら，消費者は『もっと速い馬を』と答えたであろう」という指摘をしていました。この指摘は，馬車の移動手段としての価値を常識としていた消費者からは，自動車という新たな発想が出てくるわけではない，ということを物語っています。

⑿　このことは，物理的道具である「連絡手段としての携帯電話」とコンセプト化された場合においては，物理的有用性としての機能的・性能的・技術的品質の程度が評価されることになりますが，「母親の安心を生み出す携帯電話」としてコンセプト化された場合においては，いかに安心を得ることができるかという意味的有用性が重視されることになり，むしろ，その時の物理的有用性については，安心を得るのに必要不可欠な分だけの機能的・性能的・技術的品質が満たされていればよいということになります。したがって，コンセプトの設定次第で，製品に対して要求される有用性の比重も変わることになり，さらに，「製品の技術的アイディア」も変化することから，製品開発コストや製造コストの掛かり方も変わることになるのです。

⒀　このように考えると，産業財購買者の「真の購買目的」とは，当該産業財を使用して生産した製品の販売において，どれだけ市場からの外部的収益性（外部収益状況の改善）が望めるか，という点にこそあると言えます。この点に関する詳細は，**第8章 4. (2)** にて説明します。

⒁　この，売り手と買い手との間の取引関係を「売り手―売り手間関係」として認識することの重要性については，大友（1999）にて詳しく説明されています。

⒂　この点に関する言及は，産業財のマーケティング戦略および営業戦略を取り扱う**第 8章**においても，再度強調されることになります。

⒃　消費行為とは，劣化，減耗・磨耗，破壊，消滅させていくプロセスであると言えます。マルサス（T. R. Malthus）においても，消費は，「富のある部分の全面的破壊または部分的破壊」と定義されています（マルサス，1977，185頁）。

⒄　この「アフターセールス」概念を最初に論じたのは，明治大学商学部名誉教授の刀根武晴教授です（刀根，1984a）。

（大友 純・河内 俊樹）

第6章 マーケティング活動における戦略提案のための基本的考え方

1. 戦略的に思考することの重要性と差別化戦略

　企業が創り出す様々な製品は，大きく分けて2つに分類できます。1つは「消費財」であり，もう1つは「産業財」です。前者はわたしたち消費者が商店や通信販売などで購入している日々の生活に必要な製品のことです。後者は企業が自らの生産活動や販売活動において必要とする製品のことです。「生産財」あるいは「業務用財」とも呼ばれています。たとえば生産に必要な原材料や部品，工場で使う機械や道具類，運搬に使うトラック，それらを動かすために必要な石油や電気やガスといった燃料，会社内の事務作業に必要な机や文具品等々，多種多様なものが含まれます。消費財の顧客としてわたしたちが日常的に購買している商品の取引の有り様については簡単にイメージできますが，売り手も買い手も企業組織である産業財の取引は，わたしたち消費者の場合とは大きく異なった特質があり，イメージしにくいものがあります。

　消費財の顧客特質と比較すると。まず第1に，企業が製造する特定の製品を必要とする購買者の数が圧倒的に少ないということです。たとえば自動車部品を造っている会社の顧客である自動車メーカーの数は限られています。同じように機械メーカーの数だって，家電製品を造っている会社だって，その数は限られています。第2に，1顧客当たりの購買額が非常に大きいということです。1回の取引額が何百万，何千万，何億ということもあります。第3に，需要の集中性が見られるということです。ファッション品やスキー用品，スケート靴などといった季節性の強い製品を造っている工場などでは，それらの製品が消費者に必要とされる前に生産を終了し，小売市場に供給されていなければなりません。必然的にそれらのメーカーに資材や部品などを供給しようとする産業財企業では，たとえば冬物の製品であればその生産や販売のピークは夏にやってきて，冬は暇になります。春物や夏物の製品であれば前の年の秋や冬にその

ピークがやってくることになります。

　第4に，売り手企業と買い手企業の間に互恵取引関係が見られるのも，産業財の特質です。売り手が買い手に購買してもらう見返りに，買い手企業の様々な要求に応えるという場合がよく見られます。たとえば買い手企業の余剰人員を売り手企業が雇い入れたりもします。第5に，一般に産業財取引は長期的継続的であるということです。それが長いほど互いの信用・信頼関係や協力関係も深くなり，安心して取引ができることになります。第6に，購買担当者が専門技術者であったり製品知識や最終市場のことについて非常に詳しい人々であったりするということです。消費財の購買者であるわたしたちは技術的な情報やその品質の詳細については一般に知識を持たない素人ですが，産業財企業の購買担当者は違います。したがって売り手企業側の営業担当者はよほどの知識を持っていないと，買い手企業側に利益誘導されてしまうことが往々にしてあります。

　さて，産業財におけるこうした製品や市場の常識とも言える一般的特質をそのままに受け入れてマーケティング活動を展開しても，競合他社も同じようにその特質を常識として買い手企業と交渉を行っていますから，そうした状況の中でのビジネス取引の競争状況も非常に厳しいものとなるのは当然でしょう。しかし，戦略的に物事を考えてみれば，こうした特質を受け入れてビジネスを展開しなければならないといった必然性は何もないわけで，要はマーケティング活動においてより効果的でより成果に結び付きやすい方向性を考えてみればよいわけです。

　たとえば，自社製品の対応している業界の買い手企業が相対的に少ないのであれば，より買い手企業の多い，しかも自社製品で対応可能な別の業界を探索してみるといった考え方をする，ということです。また通常対応している業界の買い手企業との取引額が大きいのであれば，逆に購買規模の小さい買い手企業群を見つけ出すのです。需要の集中制が見られる業界に対応しているのであれば，需要の分散性が見られる市場に乗り込んでみることです。一般に互恵取引が常識化している市場であれば，自社は互恵取引をしないという対応をしてみることです。取引が長期的継続的であることが当たり前になっているのであれば，短期的で非継続的な取引を前提としたビジネスを展開してみるのです。

そして購買担当者が専門家であることが一般的であるならば，買い手企業の購買に影響力を持つような，工場部門や技術・研究部門以外の部署の素人を狙ってみることです。

　こうした現時点での所属する業界の常識とは異なる対応をしてこそ，はじめて同業他社との差別化が可能となるのです。さらにはこれまで付き合っていた買い手企業群とは別の買い手企業群の発見に繋がる可能性もあります。まさに"戦略的対応"とはこのような考え方に基づいて，それを可能とする巧みな取引戦術を展開してみることを言うのです。

　こうした戦略的な思考に基づいて新たな市場を築いたり，自社商品の新たな価値を見出したりした企業はたくさんあります。鋳物技術を持つ工業機械の下請け企業が，その技術を消費財に応用して成功を収めたり，買い手企業との詳細な打ち合わせや交渉を通じて特注品を加工販売していた企業が，カタログによる選択型受注販売で成功したり等々，そうした戦略的対応が，同業他社との差別化を生み出したのです。このような成果に結び付く思考方法の1つが，次に述べる分類概念の常識を捉えなおすという考え方です。

2.　分類概念の再検討とマーケティング対応

　ところで，本来的に物体にすぎない「製品」というものは，たとえば「消費財」，「産業財」とはいっても，それは生産されたときから人間の「男」と「女」というように本質的にその特質が定められて生まれてきたわけではありません。製品は個人消費のために買われたのであれば，それは「消費財」であり，企業や何らかの組織によって再生産のための利用目的をもって買われたのであれば，それは「産業財（業務用財）」ということなのです。

　すなわち，その製品が「消費財」であるか「産業財」であるかは，買い手が個人消費を目的としているのか，あるいは組織体による再利用・再販売を目的としたものであるのか，によって決まるだけなのです。そして個人消費を目的とした買い手に対する売り方としては，当然ながら少量で販売し，持ち帰ってもらうことを前提にきれいに包装やパッケージングをし，その製品の特質が理解されやすいようなネーミングを付け，マス・メディアにも広告を出して，そ

して現金でその場で取引決済が行われることになるでしょう。他方，買い手が企業のような組織購買者であり，大量に購買してもらえるのであれば製品１個当たりの価格を割り引いたり，そうしたことについて買い手側の担当者との交渉に時間をかけたり，配送サービスをしたり，また個別包装も必要なく，その決済は１月後や２月後といった売掛取引でもよいということになります。要するに，同じ製品であっても，その顧客が個人か組織かによって"売り方を変えるだけ"なのです。そして個人であれば「消費財」，組織であればそれは「産業財」と呼ばれることになるだけなのです。

したがって，消費財を産業財として売れば，製品１個当たりの価格は安くせざるを得なくても，大量に捌けることになりますし，またその取引金額も多額なものになります。他方，産業財を消費財として売れば，個包装を必要として，広告などの手間がかかる分，配送を必要としなかったり，１個当たりの付加価値を高くして売ることができたり，現金決済による売掛の危険性を回避したりできることになります。そうであれば，企業の経済的市場的な様々な条件に応じて，自社製品を消費財として売ったり，産業財として売ったりというように，まさに戦略的なマーケティング対応を考えてみることの重要性が認識できるのではないでしょうか。

3. 様々な分類概念の捉え方とその戦略的効果性

さて，企業の提供する製品やサービスとしての「提供財」の分類軸は，この「消費財」と「産業財」という分け方だけでなく，様々な分類軸を設定することができます[1]。たとえば図表6-1に見るように，企業が買い手に向けて提供する「財」は多彩に分類できるのです。

消費財については，身近な店で日常的に購買されるような食品や雑貨などの製品を「最寄り財」，多くの店を見て回ったりするファッション品や家具，乗用車，住宅などの製品を「買回り財」という名称で昔から分類してきました。またこのような買回り財は一般に高額であり，購買における失敗の経済的痛手も大きいので，買い手側は品質や性能などについて時間をかけて調べたりして慎重な買い方を行いますが，そうした特質から「高関与財」と呼ばれたりもし

図表6-1　財分類の多様性

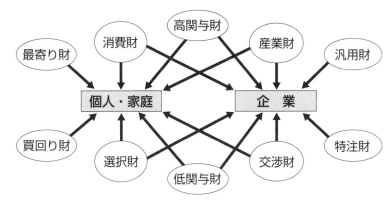

出所：筆者作成。

ます。

　他方,「最寄り財」は, スーパーマーケットなどで買われることの多い日常の食品や雑貨品といった一般に低価格であるがゆえに, 購買の失敗がさほど経済的な痛手にはならず, 深く考えずに直感的に購買できることから「低関与財」という呼ばれ方もします。産業財については, 種々の製品に多用される規格的な製品は「汎用財」と呼ばれ, 綿密な打ち合わせの必要な特定の買い手のためにだけ生産されるような製品を「特注財」という呼び方で分類されてきました。もちろん高関与財, 低関与財という分類の仕方は産業財にも当てはまります。さらには, 通常一般の小売店やコンビニエンス・ストア, スーパーマーケット, 百貨店などで購買する消費財は, 価格や量, 数等々について一切交渉不可能であり, 店頭でどれを選ぶかということしかできませんので「選択財」と呼んでもいいですし, 逆に産業財のように売り手と買い手が交渉をしながら取引する製品を「交渉財」と呼んでもいいでしょう[2]。

　このように, 企業の提供財はその買われ方の特質に応じて様々な分類のされ方をしますが, 実際のマーケティング戦略上から考えれば, それらの分類に従う必要はありません。上述したように, 産業財を消費財として売ってもよいですし, その逆でもかまいません。最寄り財を買い回り財として売ってもかまいませんし, もちろんその逆でもかまいません。高関与財と低関与財も互いに取

り替えて売ってもよいでしょう。選択しかできなかった製品，すなわち選択財を，その量や価格について交渉可能な財に替えることもできるでしょう。たとえば飲料品を一本とか一缶で売っていた製品を，顧客が要求する量や価格に応じて"量り売り"を行えば交渉財になります。当然交渉取引が当たり前であった製品をいくつかのタイプに分けて選択してもらうことで，選択財として大量生産が可能となり，価格も下げることができるかもしれません。要するに，従来の分類枠を変えて販売するためには，"売り方を変える"だけのことなのです。

4.　分類概念の展開と新しい価値効用の発見

　企業のマーケティング思考の下では，買い手側に対する価値提案の有り様として，以上のように，従来の常識的枠組みにとらわれることなく柔軟にその提供財の分類枠を変更してもかまわないのです。さらには，動かないのが当たり前のモノであれば動くようにしてみる，動くのが当たり前のモノであれば止めてみる。たとえば病院は動きませんが，"動く病院"を考えてみる。手術可能な設備の整ったバスや大型トラックができれば，交通事故現場にそのまま移動して，その場でけが人の治療や手術が行えます。手術可能な病院としての法律的な課題があるかもしれませんが，間違いなく事故に遭った人々の生存確率は遥かに高くなるでしょう。あるいは動くのが当たり前の自動車や電車でも，動かなくてもいいからガレージや庭や公園に飾っておきたいという価値を認める買い手も多数存在するのではないでしょうか。同様に，大きいのが当たり前の財であれば小さくしてみる，小さいのが当たり前の財であれば大きくしてみる。量的に多いのが当たり前の財であれば少なくしてみる，少量販売が当たり前の財であれば多量にして販売してみる。そこには新たな効用が見出され，それが他の常識的な財との差別化の魅力を創造するかもしれません。

　事実，移動財としての価値だけを考えれば，寝台列車はその移動時間という効用においては絶対に新幹線に適うわけはなく，その新幹線網が全国的に普及した現在ではその使命が終了したと思われがちです。しかし逆に"動くホテル"というコンセプトで捉えなおすことによって，「北斗星」「カシオペア」「トワイライトエクスプレス」，最近ではＪＲ九州の「ななつ星」といった車内に滞

在することの価値を高めて予約の取れにくい商品になった例もあります。こうした新たな価値効用の発見は，常識的な分類枠組みから抜け出してはじめて見出すことができるのです。

5.　財の価値効用としての手段と目的

　わたしたちが日常的に使用している製品でも，それを何らかの目的達成のための手段としての価値を消費する場合と，それを消費すること自体を目的とする場合があります。同じ製品でもそれを「手段財」として認識するか，「目的財」として認識するかだけでも，企業側における戦略的対応は大きく異なりますし，画期的な製品開発に繋がる場合が少なくありません。

　事例としてスーパーマーケットでの主婦の買い物行動について考えてみましょう。主婦が日常での買い物において，最寄り商店街の八百屋，肉屋，魚屋といった専門店を買い回るよりは，一般的にスーパーを好むのは品揃えの豊富さやセルフ・サービスといったことだけでなく，何よりも効率的に買い物ができるからでありましょう。主婦にとって食材の購買はあくまでも「手段」であり，その「目的」は食材の使用行動，すなわち料理を作ることにあります。できるだけ買い物を効率的に行い，その分料理に時間を掛けたり，あるいはその他の仕事，たとえば夕方の洗濯物の取込みや子どもの世話などに時間を回すことができます。どんな作業においてもそうですが，その行為が手段的であればある程，それは効率的に行いたいと思うのが当たり前でありましょう。そうした消費者一般の欲望を適えているのがスーパーマーケットという業態なのです。

　こうした常識的な価値観に対して，戦略的に全く逆に考えてみることができます。たとえば効率的な価値を提供するのが当たり前の商売であれば，それを「目的化」してみるのです。スーパーの売場内に書籍売場を設けたり，主婦同士あるいは子どもと一緒にお茶を楽しめるようなコーナーを作ったりすると，そこで時間を費やすこと自体を目的とした消費行為ができるのです。すなわちその店に行くこと自体の楽しさの要素を加えるのです。昔の百貨店はそうした場所でした。何も買う目的がなくても，休日には百貨店に行って屋上で子どもを遊ばせ，家族で大食堂で外食を楽しみ，高額な家具やファッション品を見て

回り将来の夢をそこに託したり，そして下着や地下の食品売場で夕食の惣菜を買って帰る。そうして一日を費やせる場所としての価値を提供していたのです。

　現代ではそうした店内に入ること自体を「目的化」した業態にコンビニエンス・ストアがあります。夏の酷暑の日に涼を求めてコンビニに入り，雑誌を立ち読みしたり，コピーをしたり，振込みをしたり，そして帰りに何か冷たいものを買って帰る。冬は暖を求めて特に買うものはないけれど，何となく店内に入り帰りに温かいものを買って帰る。

　要するに，一般に小売店の場合にはその店への客の滞在時間が長いほど売上に繋がります。効率性の価値そのものを販売するようなスーパーやファスト・フード店では，開店時間内にどれだけの顧客数を扱うことができるかどうかが売上の決め手になります。したがってそうした効率性による売上が停滞しているときには逆に顧客の滞在時間の長さを求めて，その店へ行くことの目的化を図るという戦略を考えてみるのです。

　さて一方で上述の主婦の食材購買の例に戻れば，今度は料理を作るという目的的行動に手段的な価値を創造できないかと考えてみるのです。料理時間の効率化を図れるような製品やサービスを考えてみるのです。それを利用することによって調理時間が大幅に削減されるとか，多くの栄養が１つの食材で得られるとかいった製品です。それによって他の行為目的の時間を増やすことに繋がります。たとえば「カロリーメイト」という食品は，朝食に必要な栄養をそれだけで賄うことができ，朝食の準備に必要な時間を大幅に削減できるのです。それによって，朝刊をゆっくり読めたり，朝の起床時間を遅くできたり，早めに出社できたり，といった他の行為のための時間を創り出すことができます。

　このように，手段的行為が常識であったものを目的的行為に変えた価値の提供方法を考えてみる。また目的的価値の提供が当たり前であったものを，手段的な価値の提供に繋がるようなものを提案してみる，といった戦略的な価値創造を考えてみることの重要性が理解できます。いずれにせよ，マーケティング担当者の周囲の環境状況において，常識的と思われることに疑いを持って見るということです。そしてそこに顧客にとっての新たな価値効用が生み出されるような製品やサービスがどのようなものであるかを考えてみること自体が重要であると言えるのです。

考えてみよう

① 従来の商品や店舗について分類軸を変えて，新たな商品として市場に出すためのマーケティング戦略案を構築してみよう。

② 身の回りの手段財や目的財を探してみよう。

注

(1) サービス・マーケティング戦略におけるサービス財の分類と基本的枠組みの論理については，その子細な検討と戦略的ヒントが上原（1999, 269-279頁）に詳しいので，そちらを参考にしてみてください。

(2) 選択財と交渉財という分類概念を利用して成果を得た産業財企業の実例については，小堺（2006）に詳しいので，参照してください。

（大友　純）

第7章 顧客満足の創出と顧客固定化に向けた営業展開の論理

1.「営業」という仕事とその機能と役割

　「営業」という言葉を聞くと，何かその仕事内容について漠然としたイメージを持つことができるものの，多くの場合，取引先訪問を基にした「販売活動」としての側面をイメージすることが多いのではないでしょうか。販売目標に達していない状況において，「営業攻勢をかけろ」とか「売込みをかけろ」，あるいは「飛び込み営業をしろ」と言われる時，1つでも多くの製品を売るべく，営業担当者による販売活動の強化を意味することがイメージされます。

　われわれ消費者が営業に接する場面というのは，多くの場合「専門品」など，購買金額が比較的高額な商品を購買する時かもしれません。たとえば，クルマなどはその典型と言え，顧客一人ひとりに営業担当者がつくことで，購入相談から購買後のアフターケアまでをサポートしてくれることになります。いわゆるこれは「消費者営業」と呼ばれるものです。

　一方，産業財の場合には，組織に向けた企業間取引を前提に販売活動を行うことになりますが，ほとんどの場合，取引の窓口となる営業担当者が設定されることになります。いわゆるこれは「法人営業」と一般的に呼ばれるものです。**第6章**で見てきたように，産業財の購買特質には消費財のそれと比較した時，購買者数が少ないこと，購買数量が多くなること，さらには，購買金額が大きくなることなどが確認されました。このように見ていくと，購買金額が高くなればなるほど，営業担当者が必要になる，と捉えられるかもしれませんが，その本質は"顧客の顔"が見える状況において，顧客固定化に向けた関係性の構築にあると特徴づけることができます。

　マーケティングと「営業」との接点について考えてみると，テキスト的には，マーケティング体系における4Pの1つである「プロモーション（販売促進）」の中に位置付けられていることがわかります。このプロモーションの中に，さ

らに「PR（public relations）」（この中に「パブリシティ」も含まれます），「人的販売」，「広告」，短期的な動機付けを目的とした「狭義の販売促進」といった手法があり，これらが「プロモーション・ミックス」の構成要素となるのです。このようなマーケティング体系からして見れば，営業というのは，いわゆる「人的販売」の一環として扱われることになります。しかし，日本企業の「営業」の実態を鑑みた時，単純に，販売促進を担う存在としてプロモーション活動の一部に位置付けてしまうことには，相当無理があると言えるでしょう[1]。

　田村（1999）は，「営業という言葉は，日本語独特のものである」と述べ，「英語で言う，sales（販売），business（事業，業務），operation（作業，活動，運営），trade（商売）の意味を含んでいる」と指摘しています。さらには，「日本企業では営業という言葉は，アメリカ企業で言うマーケティング，セールス，顧客サービスにわたる実施活動を包含した意味で使われている」と述べ，「日本企業での用法における営業は，英語には"eigyo"としか訳しようがない」と，その独特な世界観を表現しています（45-46頁）。

　実際のところ，営業あるいは営業担当者が担っている基本的な活動には，どのような特徴があるのでしょうか。ここでは，大きく5つの点に集約して捉えたいと思います[2]。1つめに，営業活動は，特定顧客を対象とした取引活動を担うという点。2つめに，営業活動では営業担当者が特定顧客との人的接触によるコミュニケーション活動を展開するという点。3つめに，営業活動は計画策定活動というよりも，むしろ現場での実施活動に重点が置かれるという点。4つめとして，営業活動は顧客固定化に向けて営業担当者による個客対応型の関係性構築を展開するという点。最後5つめに，営業担当者は，顧客に対する業務遂行や価値提供を円滑に進めるために，社内外各部署との調整役を担うという点です。以下ではこれら5つの点について，それぞれ見ていくことにしましょう。

(1) 特定顧客を対象とした取引活動の遂行

　営業には，商流を担う存在として「需給接合機能」を遂行するという重要な役割があります。ここで言う「需給接合機能」とは，売り手である供給者と買い手である需要者とがマッチングすることで，取引として所有権を売り手から

買い手へ移転させることを言います。したがって，売り手である営業担当者としてみれば，新規顧客の探索にはじまり，その顧客へのアプローチ，顧客との交渉・商談，取引の締結，集金活動等々を，売り手企業の渉外担当者として一手に引き受けることとなり，取引にまつわるすべてのプロセスに関与していくことになります。もちろん，このようなプロセスにおいては，営業担当者一個人として属人的に関与して意思決定していくのではなく，営業部や営業マネジメント体制によるバックアップのもとで，顧客への渉外に当たっていくことになります[3]。

　取引先顧客の探索と開拓という観点では，もちろん取引する商材の特性にもよりますが，先のクルマの消費者営業のように，主に専門品を扱う小売業者が消費者に対して行うものもあれば，法人営業として，産業財企業が消費財企業（消費財組立企業）に展開するものや，産業財企業同士（原材料メーカーと産業財の部品製造企業など）のものがあります。また，同じ法人営業でも，たとえば，消費財企業と卸売業者とで行われるものは，流通チャネルの新規開拓という大口取引へと結実するものもあり，実に様々なものが想定されます。

　いずれにしても，どのような規模感の取引先顧客であれ，売り手の営業担当者は全面的に取引に関与することになるため，その営業担当者は，取引行為の遂行に不可欠な見積書，契約書，納品書，請求書，領収書等の作成と振出しも担うことになります。場合によっては，倉庫から商品を取り出して，顧客の指定する場所へ配送して引き渡すこと（「納品」）や，商品の設置や取付けといったことも，営業担当者が担うことがあります。このような業務は「商流」の範囲を超えて「物流」の範疇に属するものとなりますが，いずれにしても，このような需給接合機能を中心とした業務を遂行することが，営業担当者の業務内容の中核となるのです。

(2) 人的接触活動によるコミュニケーション活動の展開

　営業担当者による人的接触活動とは，単に，取引活動に際して顧客のところへ出向くという意味に留まらず，コミュニケーション活動を通じた"信頼創造"を行うということに，その真意があります。

　コミュニケーション活動をベースに創造する信頼には，2つの種類が存在し

ます。1つめの信頼とは，取引しようとする製品と取引条件に対する信頼，すなわち「製品・取引信頼」であり，2つめの信頼とは，営業担当者自身に対する「人格的信頼」です。

　まず，1つめの「製品・取引信頼」から見ていきましょう。この信頼の創造において重要視されることは，次の3点に集約されることになります。すなわち，① 取引しようとしている製品の品質が，買い手の要求水準や期待に沿うものであるのか，そして，② 取引しようとしている条件（納期，納品場所，納品方法・配送方法，設置方法，支払方法，支払期限，保証内容等）が，買い手の要求や意向に見合うものか，さらに，③ 製品価格・取引価格が適正であるか，といった点です。

　この「製品・取引信頼」は，たとえば，製品自体が競合他社の製品と比較してどのような秀でた効用を有するのか，あるいは，現行で使用・消費している製品やその購買パターンと比べて，新たな取引（新規取引や取引更新）を持ち掛けている製品に切り替えることで，新たにどのような効用が生まれるのかといったことが，営業担当者として的確に説明できることでも創造することが可能です。また，製品の品質や取引条件において，買い手が何を重要視しているのか，といったことが事前に把握できたうえで商談や説明に臨むことができれば，買い手の購買意思決定に対する不確実性削減やリスク削減に寄与することにも繋がります。買い手にしてみれば，取引する製品のみならず，その取引にまつわる様々な点を含めた総合的見地から“取引の合理性・合目的性”を判断することになるため，買い手の要求事項に対する事前の市場・顧客動向の情報収集と，指摘されるであろう取引上の課題や質問に対して“予期して備える”対応を施しておくことは，売り手の説明力や説得力を高める点において，極めて重要となるのです。

　特に，既存顧客に対して，新規取引や取引更新を持ち掛ける場合においては，常日頃からのコミュニケーション活動が，買い手の要求事項を事前に情報収集するための，そして“予期して備える”対応力を構築するための重要な情報源となるのは言うまでもありません。売り手である営業担当者としては，新たな取引機会を見逃さないために，買い手との常日頃の人的接触場面において“雑談が相談へと変わるターニング・ポイント”を見逃さないことや，顧客の使用・

消費状況を把握し，顧客の使用・消費現場での課題等について認識できる"観察眼"を有することが，必要不可欠となってきます。田村（1999）では，断り文句1つでも，その「"断り文句"の中に顧客になり得るかどうかのヒントが隠されている」ことが指摘されています。また，「セールスの一般論として，個別訪問，会社訪問，紹介訪問の区別なく，断り文句には共通点があり，そこには見込み客の，その時の偽らざる心境が吐露されている」ことが紹介されています（122頁）。要するに，顧客が吐露する心境の中には，次なる取引創出に対するヒントが隠されている，と示唆されているのです。そうであるとすれば，何気ない"断り文句に対する読解力"や，何気ない瞬間に現れる"心境に対する分析力"といった能力も，営業担当者として携えるべき必須能力になると言えるでしょう。

　このように考えていくと，営業担当者として「製品・取引信頼」に応えるとは，製品や取引条件に関する"適切性構築力"のみならず，新規取引や取引更新への話を持ち掛けるタイミング，取引内容に関する理解促進を図るためのコミュニケーション・スキル，そして取引相手の先を行く情報収集と説明準備力といった，"複合的かつ包括的なコミュニケーション力"の問題として捉えることができるのです。

　次に，2つめの信頼である，営業担当者自身に対する「人格的信頼」について見ていきましょう。産業財をはじめ購買・取引金額が大きな状況において，取引しようとしている案件が合理性や合目的性のあるものか，という点が重要視されるのは言うまでもありません。このことは，われわれ消費者が，たとえばクルマを購入しようとしている時も，同じことが言えるかもしれません。クルマの購入に当たっては相応の金額を支払うことになり，その維持費等においてもそれなりの出費が続いていくことになります。

　したがって，消費者の家計においても，購買金額が大きい時や出費がかさむ状況に直面する際には，本当に今その支出をしてよいのかということを何度も問い返しながら，納得したうえで決断を下すことも多いのではないでしょうか。産業財であれ消費財であれ，このような取引金額が多い状況に接した時に脳裏をよぎるのは，取引やその金額を託そうとしている相手が"取引するに値する担当者"であるのか，あるいは"取引を任せて安心・安全な担当者"であるの

か，という点かもしれません。大口取引であればなおのこと，トラブル回避や
リスク管理の観点から，営業担当者の人格的信頼性や人格的品質についても担
保しておきたいという思惑が頭をもたげたとしても，何ら不思議ではありませ
ん。

　そこで，営業担当者としての人格的信頼の創出において必要となるのが，①
「目配り・気配り・心配り」と「機動性」といったコミュニケーション・アプ
ローチと，②「提供情報の的確性と信頼性」といったコミュニケーション・コ
ンテンツと言えるでしょう。したがって，この人格的信頼の創出においては，
行為的側面と情報的側面があると言えます。顧客のマインド・シミュレーショ
ンに基づいた時，顧客にとって必要であろうタイミングを外さずに"まめな"
接触ができる担当者，定期的な"顔見せ"を怠らない担当者，そして"人間的
な付き合い"において"誠実さ"や"真心"を表す機会を逃さない担当者とい
うのは，ルーティン的な接触スタイルや効率追求型の接触スタイルを採る担当
者よりも，取引担当者として格別の魅力があるはずです。

　したがって，顧客を"不安"や"不信"にさせない，①「目配り・気配り・
心配り」と「機動性」（コミュニケーション・アプローチ），そして②「提供情報
の的確性と信頼性」（コミュニケーション・コンテンツ）が，営業担当者におけ
る人格的信頼の形成において必要不可欠だと言えるのです。営業担当者に対し
て人格的信頼性を見出すのは常に顧客の側であることから，顧客にとってどの
ようなアプローチやコンテンツが望ましいのかについて，常に"顧客の事情や
都合を前提に，顧客の立場に立って思考し続けていく"ことが要求されるので
す。なお，これらの点に関する詳細は引き続き，**(4)** および本章**2.**の「アフ
ターセールス戦略の重要性」のところで述べていくことにします。

(3) 現場での実施活動

　営業活動において現場での実施活動が要求されるというのは，上述した顧客
に対する取引活動の遂行や，人的接触によるコミュニケーション活動の展開と
いったことに加えて，顧客の現場において行われる業務や作業がともなうため
でもあります。もちろん，この現場での実施活動には，営業部やトップ・マネ
ジメントによって意思決定された方針等を体現する実践者が営業担当者に他な

らない，という意味もあります。ところが，そのような意思決定の体現者や実践者であるということに加えて，今日では「顧客サービスの担い手であり遂行者である」という側面が，さらに強調されなければなりません。

　「顧客サービス」と言うと，営業担当者が無償奉仕的に行う活動がイメージされる傾向にありますが，必ずしもそのような側面ばかりではありません。取引活動に付帯するものとして，製品信頼を担保し，製品責任を果たすために必要な，いわゆる「付随的サービス」というものも存在します（刀根，1984b）。先に少し触れたような，取引締結された製品が使用・消費できる状態にするために必要な，納品，配送，設置，初期設定，動作確認といった各種作業も，顧客に対する製品信頼・製品責任を果たすために課せられる営業担当者の現場活動となります。もちろん，大型製品や専門性が極めて高い製品については，専門スタッフとしての物流・配送業者や技術担当者が，それらの作業を担うこともあります。

　しかし，そうであるにせよ，専門スタッフが行う作業工程がきちんと遂行されているかについて監督するのは営業担当者の業務であり，その担当者の責任範囲にあると言えるでしょう。その他，製品保証という意味では，アフターサービスの一環として，営業担当者が定期的な保守点検を担うこともありますし，部品交換を行うこともあります。また，営業担当者では対応できない事象が発生していることが確認されたとしたら，技術担当者へ迅速に引継ぎをすることにもなります。

　いずれにしても，顧客からの問い合わせがあった時に，窓口担当者として真っ先に現場へ駆けつけて初動対応を行うのが営業担当者であり，製品責任を果たすために，顧客の使用・消費現場での作業活動の大部分を担うのもまた営業担当者の役目となるのです。

　その他，近年では，顧客サポートを目的とした現場実施活動も重要視されるようになってきました。これは，互恵取引の一環として見なされる部分もあるかもしれません。たとえば，卸売企業や販社（製造企業直属の専属的卸売企業）と小売企業との間では，「リテール・サポート」と称する様々な顧客サポート活動が行われています。営業担当者が，納品した商品を店頭の陳列棚に補充したりすることは日常的に行われていますし，店頭およびバックヤードの在庫状

況を確認したうえで，売れ行き状況に応じて，発注業務を肩代わりすることもあります。また，小売店頭で「インストア・プロモーション」を展開する際には，プロモーション素材の提供および組立てや設置をし，さらには応援販売員として売場に立つこともあります。このような顧客サポート活動は，営業部あるいは営業担当者が無償奉仕的に行っている部分があるのかもしれませんが，いずれにしても，営業担当者による現場での実施活動の一端を垣間見ることができます。

(4) 顧客固定化に向けた個客対応型の関係性構築を重視

　営業は対象とする顧客が明確化しやすく，"顧客の顔が見える"関係のもとで活動できることから，できる限り顧客に寄り添った展開をすることが志向されます。もちろん，このような"顧客志向"は，顧客の要求に沿った「製品・取引信頼」の構築はもとより，製品信頼を担保し，製品責任を果たすための諸活動，営業担当者としての「人格的信頼」の獲得など，すべての活動における最重要課題として認識されるものです。したがって，このような"顧客志向"のもとで活動を展開する際には，顧客との接点のすべてにおいて"個別顧客の事情や都合に合わせた対応"，すなわち"顧客起点の対応"を行うところにその真意がある，ということを忘れてはならないのです。

　刀根（1984a）は，いち早く「アフターセールス戦略」の重要性を説き，「アフターセールス・サービス活動」の展開において，次の３点を「基本的品質」として強調していました。

　　① 時間的迅速性
　　顧客とのクレームないしトラブル発生の時点から，製品の機能が完全に回復するまでのトータルの時間の短さ
　　② 技術的正確性
　　顧客のニーズに正しく対応するサービス業務の技術の確からしさ
　　③ 定期的安全性
　　決められたサービスの頻度やタイミングを守った顧客フォロー活動の徹底的な遂行

　今日ではこのような行為的信頼性の他に，情報的信頼性の側面も不可欠と言えます。いずれにしても，一般的に言えることは，これらの基本的品質を高めれば高めるほど，顧客の満足感の醸成に寄与するということです。そして，顧客満足の醸成によって，顧客からの様々な信頼獲得に繋がることになります。

　最終的には，顧客満足の結果および顧客からの信頼獲得の結果によって，リピート・オーダーへと結実させていくことになります。このことこそ「アフターセールス戦略」が目指していくところとなるのです（この点については，本章2.で詳しく見ていくことにします）。

　興味深いことに，営業担当者としての信頼獲得については，"取引先顧客との関係性構築"という観点から，ビジネス実務においてことのほか重要視されているのも事実のようです。たとえば，それは「売った喜びから人に会う喜び，そしてこれが繋がっていく喜びへ。そこからさらに，時間をかけて，深い信頼関係を持つことができることに，営業の意味を見つけている人が圧倒的に多い」と紹介されていたり，また，営業としての誇り（プライド）の源泉がお客さんとの繋がりの中にあることや，お客さんとの親密な相互信頼関係が営業の喜びや誇りだというだけでなく，むしろそれこそが営業の「極意」であるといったことが，様々なインタビューを通じて明らかにされているのです（石井，2012，15頁）。

　また，そのような"信頼の効用"として，「ビジネスの世界では相互にそれなりの無理が言えることになる」（22頁）とも言います。注意しなければならないのは，この"無理が言える"というのは，値下げ要求や取引先への圧力行使，押売り販売を意味するのではないということです。それは「すぐに見返りを期待しない関係，あるいは頼み頼まれる関係。長い付き合いを予定し，互いの信頼を育てる関係」（22-23頁）であることを原則として，取引関係にあるお互いが，自分の苦境をある程度救ってくれる関係にあるという点に，その含意があるのです。これこそが，「相互信頼関係は営業担当者にとって財産だ」と言われる所以でしょう。

　このような信頼関係は，日本的営業の特徴とも言うべき姿を示しており，まさに互恵（的）取引の典型を見い出すことができます。日本においては，"情

けは人のためならず”的属人的営業スタイルがビジネスの根底に流れている，と言っても過言ではありません。

(5) 社内外各部署との調整役

　営業と言うと，今まで述べてきたように，対顧客へのアプローチをイメージすることが多いのも事実ですが，実際のところ，社内や社外に向けた活動というのも存在しています。すなわち，顧客への価値提供の実現や業務遂行に向けた社内外への掛合い，そして調整役としての活動です。いわば，取引に関する“結節点”や“コンダクター”としての役目とも言えますが，これも営業担当者に委ねられた重要な業務の1つとなります[4]。

　企業によってスタイルは異なるかもしれませんが，営業部とマーケティング部，営業部とサービス部，あるいは営業部と技術サービス部，といった関係のように，営業部の他にも顧客へアプローチするセクションが存在している場合には，当然のことながら，部門間連携やその調整が必須となります。たとえば石井（2012）は，「『営業』は，お客さんとの関係を構築・維持する重要な活動ですが，営業だけでお客さんとの関係を支えることはできません」（186頁）と言います。また，営業の他にも，顧客のニーズを触発したり育てたりする「マーケティング」の仕事や，顧客との関係を前提にして顧客満足度を上げる「サービス」の仕事も同様に，顧客との関係を支える活動になると述べています（186-187頁）。

　ここでは，営業，マーケティング，サービスという3つの観点で述べられていますが，企業ごとに組織体制の違いはあるにせよ，その意味するところは理解できるでしょう。いずれにしても，顧客との関係性構築とその維持という目的を果たすことからしてみれば，顧客にアプローチするセクション同士での部門間連携やその調整をしながら進めた方が，より効果的かつ親密な関係性構築が可能となるに違いありません。ここにおいて，その連携や調整を主導することで特定顧客との取引にまつわるすべてのプロセスに関わり，また顧客からしたときの窓口となることが，営業担当者に課せられた重要な役割となるのです。

　また一方で，“対顧客”に向けたアプローチのための連携という観点ではなく，“対社内”への内部協力獲得のための折衝という観点から調整を見る必要もあ

ります。営業部や営業担当者には，顧客への納期に間に合うように，生産部門や資材調達部門に対して供給体制を整えるといった，調整役を担う役目もあります。これは，在庫が少ない製品や受注生産品において，特に注意が必要となるものです。製品の生産は，通常，生産計画として，長期的な視点に基づいて，原材料や資材の調達計画および生産ラインの稼働計画が設計されていることが多く，突発的な対応が困難となる場合が存在します。したがって，既存の生産計画や生産現場の稼働状況を考慮し，綿密な擦り合わせをしたうえで，新規受注製品の生産計画を組み入れていく必要があるのです。営業担当者にしてみれば，顧客への納期順守に関わる取引上の重要事項となることから，生産部門や資材調達部門との折衝には，それら担当部署との連携協力体制の構築が不可欠になると言えます。

　また，とりわけ消費財の場合においては，このような生産計画面に加えて，さらに流通の側面から，物流担当者と流通計画について調整をする必要も出てくるでしょう。今日では，サプライ・チェーン・マネジメント（SCM）による供給体制のもと，流通チャネルの川上・川下に位置する企業と連動する形で，実需に合わせた生産調整や在庫調整を行うことで，流通チャネル全体として必要数量分に過不足のない（無駄のない），リーン生産やリーン流通の実現を目指している状況が多く見られます。したがって，営業部あるいは営業担当者の単独では決められない事柄も多く，物流業務に携わる社内各部署や，流通チャネルの川上・川下に位置する各企業との折衝や調整が必須となっているのです。このような現実からすれば，関係各所との調整役を担う"コンダクター"としての営業部や営業担当者の存在は，より一層重要性を増すと言えるでしょう。

　その他，産業財取引に頻繁に見られる，オーダー・メイド型の製品開発においては，技術開発部門や生産部門をはじめ，複数の部署間連携が必須となります。一般的に，営業担当者は技術者ではないことが多く，技術的専門性の程度が高くなればなるほど，対応することが困難となる傾向にあります。特に，既存製品や汎用製品では対応できずにオーダー・メイド型の特注製品が必要となる場合，あるいは「スクラム型取引」のように，仕様設計図から協働して書き起こす必要がある場合については，営業担当者一個人としての対応に限界が出てきます。そのような状況において，営業担当者は終始，技術開発担当者や生

産管理担当者等との調整役に徹しながら，各担当者と商談や協議の場を取り持つことになります。もちろん営業担当者は，原則としてその商談や協議の場にも同席し，進捗状況の把握に努めることになるのです。

2. アフターセールス戦略の重要性

　さて，本節では，前節において主に顧客固定化に向けた個客対応型の関係性構築のところで触れた「アフターセールス戦略」について述べていくことにします。

(1) 全社的体制を要求するサービス・マネジメントとしての「アフターセールス戦略」

　「アフターセールス戦略」とは，元々は，企業に要請されるマーケティング責任とその役割の重大性から，企業のマーケティング行動の最重要課題としてサービス・マネジメントを確立する必要性から主張された概念でした（刀根，1984a）[5]。以下では，企業内において「サービス部門」が存在していることを前提に記述がなされており，また原文に即す形で引用等をしていますが，営業部の問題として読み替えることも十分に可能であることから，そのままの形で説明を進めていきたいと思います。

　この「アフターセールス戦略」では，全社的な位置付けがなされるサービス・マネジメント体制のもとに，市場環境の変化に即してサービス・ミックスを検討することの重要性が説かれています。具体的には，各種サービス機能が相互補完的な連携関係にあることを前提に，それらの適切な組合せとそのバランスの取り方によって，サービス・マネジメントとしての統合力が変化する，という見方をしています。それゆえに，「サービス活動を分担するものの間に有効な相互連携関係を保ちながら，サービス部門内において遂行される機能が適切に統合され，サービス組織を完全な形態で編成すること」（79頁）を要求し，さらに「このサービス機能の統合は，サービス部門の担当する業務に限定するものではなく，企業内他部門である製造，設計，資材，営業・企画などの諸部門との連動が必要であり，究極的には全経営組織に融合しなければならないこ

とはいうまでもない」（80頁）と主張するのです。

　このように，全社的なサービス・マネジメント体制を敷くことを要求するア
フターセールス戦略が目指すところは，次の“基本的思考基盤”を基にした顧
客対応の実現に他なりません。すなわち，それは「顧客の満足感の充足を推進
することであり，単に顧客のニーズに対応することに留まらず，個々の顧客の
心理への積極的な対応を志向していくためのサービス活動をいかに組織し，い
かに管理するか」（80頁）ということです。

(2) 顧客固定化に向けたアフターセールス・サービス活動の重要性

　このアフターセールス戦略の枠組みで注目したいことは，次の点にあります。
それは，顧客固定化に向けた施策に言及していることです。具体的には，アフ
ターセールス戦略の枠組みや方針のもとで展開される「アフターセールス・サ
ービス活動」での顧客対応が，顧客固定化に直接的に関わることになります[6]。

　刀根（1984a）が，巷間で使用されるような「アフターサービス」という用
語ではなく，「アフターセールス」という用語にこだわるのには，理由があり
ました。この「アフターセールス」という言葉の出所は，通常，企業における
サービス活動に目を向けた時，それは製品の販売プロセスの事後領域として位
置付けられることになる，という点に着眼したことにありました。通常，製品
に対するサービス活動とは，製品を購買したという顧客が“既存顧客として実
在”しない限り存在するはずがない，という認識を持つのが一般的です。言い
換えると，サービスとは，製品を購買した“顧客”とサービスの対象となる“製
品”とが存在してはじめて提供することができる，という意味です。しかし，
刀根（1984a）は，このような視座のもとで企業のサービス活動が行われるこ
とに対して，サービスの存在意義を根本から捉え直すことを提唱したのです
（80-81頁）。

　具体的には，次のように述べています。「実際の企業行動においては，多数
の既存顧客が存在し，その顧客自体の買い替え購買，増加購買，関連購買など
が中心となって需要が拡大し，販売促進がなされるのが通常の実態である。そ
の既存顧客の安定化・固定化が，新しいアフターセールス・サービス活動の基
盤確立の課題となっているのである」。したがって，「今やアフターセールス・

サービス活動を原動力としたところの既存顧客に対するサービス活動，すなわち顧客フォロー機能を中核とした循環的・双方的な機能体系に組み替えなければならない」と主張したのです[7]。

　刀根（1984a）の主張の意図は，要約すると次のことにありました。すなわち「製品を購買した顧客が存在してはじめてサービスを行うことができるという発想では，その顧客が製品の使用・消費を終えた段階で，サービスを提供する期間も終えることになる。そうではなく，今や時代的にも買い替え需要，買い増し購買，関連購買が中心となっているのであるから，そのような購買需要に応じられる顧客フォロー機能を，サービスの中核として据えなければならない」と論じたのです。

　したがって，このような観点からサービスの意義を見直した時に，「トータルとしての顧客活動プロセスでは，アフターサービス機能は，アフタープロセスとしてではなく，ビフォアープロセスとして機能化されねばならない」（2頁）と位置付けることを主張したのです。つまり，サービス機能を，製品販売活動の事後プロセス（アフタープロセス）として販売活動の付随活動や後始末的な「アフターサービス」として位置付けるのではなく，そのサービス自体を次なる再購買の受注獲得に向けたマーケティング行動のスタートとして，すなわち，次なる再購買に至るまでの前段階である「ビフォアープロセス」として位置付ける必要がある，ということなのです。ここへ来て，**第5章9.**で述べたように，“売った後こそが真のセールス活動のはじまり”であること強調する「アフターセールス」でのサービス活動（アフターセールス・サービス活動）に注力し，重点を置くことの意義が見い出されるに至ったのです。

(3) アフターセールス・サービス活動における差別化の視点

　アフターセールス・サービス活動は，次の2つの観点から構成されるとしました（刀根，1984a）。すなわち，1つめに，顧客に不満を起こさせないための，あるいは発生した不満を除去するためのサービス活動（サービスの基礎品質の創造活動），そして2つめに，顧客に満足感を起こさせるためのカスタマー・サービス活動（サービスの付加価値の創造活動），という2つの観点です。わかりやすく述べると，1つめの観点である「サービスの基礎品質の創造活動」と

は，プラス・マイナス・ゼロの状態にあるものをマイナス状態にならないように維持する活動であり，またマイナス評価になった状態をプラス・マイナス・ゼロの状態に回復させることであると捉えることができます。他方，2つめの観点である「サービスの付加価値の創造活動」とは，プラス・マイナス・ゼロの状態からプラス状態へ評価を高めていくための活動として捉えることができます。

　ここで注意をしなければならないことは2つあります。1つめに，「顧客の満足感を充足し，継続的に再購買を促進する，いわゆるリピート・オーダーを確保する対応活動は，製品に対するサービス活動とは質的に異なる」(82頁)ということです。したがって，先に提示した，製品販売事後のアフターサービスとして活動展開される製品信頼を担保し，製品責任を果たすために行われる「付随的サービス」などは，アフターセールス・サービス活動という見地からすれば部分集合にすぎず，そもそも目指しているところが違うということになるのです。要するに，製品が故障するなどして不満を持つことでマイナス評価状態になったものをプラス・マイナス・ゼロに回復していく活動（このことを，「没不満」と表現されています）だけでは，リピート・オーダーの獲得には繋がらないということなのです。

　それゆえに，アフターサービス活動として行われるような，いわゆる「没不満」（不満状況の解消）状態を目指すサービス活動だけではなく，プラス・マイナス・ゼロ状態からプラスの状態へと積極的に導いていくための活動，すなわち，好意的な満足状態を積極的に生み出すサービス活動が必要となるのです。この点こそが，リピート・オーダーの獲得を前提とする状況から見たとき，アフターサービス活動とは部分集合にすぎないとする理由にもなるわけです。

　したがって，顧客の側の好意的な満足状態を積極的に生み出していくことこそ，リピート・オーダー獲得のための努力行為が向けられることになるわけですが，この点において，注意を要することの2つめが登場することになるのです。すなわち，アフターセールス・サービス活動とは，「個別顧客ごとの使用条件上の特性に対応した人間的・心理的行動にポイントが置かれている活動に他ならない」(82頁)という指摘です。

　上述した，アフターセールス・サービス活動の2つの観点とは，いずれも，

「顧客の不満感を解消し，心理的な潜在ストレスの除去をはかり，能動的に事前に予防保全すること」（81頁）を目指すことと密接な関係があります。したがって，大原則として，本章1.（4）で述べた３つの「基本的品質」（①時間的迅速性，②技術的正確性，③定期的安全性）の各順守と，営業担当者としての人格的信頼性（①「目配り・気配り・心配り」と「機動性」（コミュニケーション・アプローチ），②「提供情報の的確性と信頼性」（コミュニケーション・コンテンツ）といったことが要求されることになるのです。これは，一般的に，このような基本的品質や人格的信頼性を高めれば高めるほど，顧客の満足感の醸成に寄与し，延いては，顧客からの信頼獲得に繋がることになる，と考えられるためでもあります。またそれに留まらず，そのような基本的品質や人格的信頼性を高めることに成功したとすれば，たとえ顧客に不満が生まれており，「没不満」に向けたサービス活動を重点化していたとしても，その不満状況の解消を後押しし，一気に好意的な満足状態へと導く力を与えてくれることにもなるのです[8]。

　通常，顧客の不満感の発生は，購買した製品そのものと関連して発生する傾向にあります。製品品質の維持や故障の発生，性能の不備など，たとえその発生要因が顧客の使用上の無知によるものであったとしても，期待した機能が充実化されない場合には，顧客に不満感が発生することになります。ここで注意しなければならないのは，次のことにあります。１つめに，営業担当者の初動対応の遅れや提供情報の過ちといったコミュニケーション・ギャップが発生した場合には，顧客の不満感が増大するということです。

　そして，さらに注意を要するのは次の２つめです。すなわち，不満感というのは，その不満が解消されるまでに時間がかかればかかるほど，より一層増大していくということです。顧客側において，自身が抱えている不満感の解消や，ストレス軽減に対する現れ方は異なると言えますが，通常，その不満感に対して当事者が耐えられる程度や水準を超えた時に，クレームとして直接的な反応を示したり，あるいは，競合製品への買替えや移行などをしたりするという現象となって現われることになります。したがって，ここにおいて，「顧客の不満感を解消し，心理的な潜在ストレスの除去をはかり，能動的に事前に予防保全すること」を目指すのに不可欠な３つの基本的品質の各順守と，営業担当者

としての人格的信頼性の確保に対する重要性が再認識できるのです。

　しかし，アフターセールス・サービス活動にとってとりわけ注意しなければ
ならないのは，"物言わぬ「離反顧客」"の存在に違いありません。離反顧客と
は，自社製品や自店から，他社製品や他店へ乗り換えた顧客のことを指します。
いわゆる，ブランド・スイッチング（brand switching）行動をとった顧客のこ
とです。ここで取り上げる"物言わぬ「離反顧客」"とは，顧客の側が不満を
抱えていたとしても，それを顧客自身の中で留めておくにすぎず，結果的に，
時間の経過とともに，意識的にも無意識的にも不満が増大していったことで，
他社製品や他店への移行をした顧客のことを言います。したがって，売り手と
したら，顧客が抱いていた不満やその要因について全く把握することすらでき
ず，また何も対処を講ずることができないまま，いつの間にか失っていく顧客
となるのです。

　このような顧客の存在は，あたかもサイレント・キラーのような存在として，
真摯に受け止める必要があるでしょう。その理由は，われわれの日常を振り返
ってもわかる通り，他社製品や他店へスイッチングする時に，よほどの不利益
でも被らない限り，われわれはその理由について表明したり明示化したりする
ことなどあり得ないからです。したがって，離反顧客の大半が"物言わぬ「離
反顧客」"であることは，実態として認識しておく必要があるのです。そうで
あるとすれば，今，目の前にいる満足気にしている顧客が，数ヵ月後には顧客
でなくなるかもしれないという気構えのもとで，アフターセールス・サービス
活動としてのサービス品質や顧客対応品質を向上させていく努力行為が，やは
り要求されるのではないでしょうか。

　上述してきた"物言わぬ「離反顧客」"の存在は，どちらか言えば，消費財
取引に多く見られる現象なのかもしれませんが，産業財取引においても全く発
生しないとは言い切れません。産業財取引においては，営業担当者として"ま
めな"接触を怠らないことを心掛け，そこでのコミュニケーション活動を重視
することによって，ある程度初期の段階で不満の兆候を察知し，初動対応を施
すことが可能となります。したがって，産業財取引においては比較的，"物言
わぬ「離反顧客」"の発生を抑制できることが見込まれます。

　大友（2015a）は，「決して買い手との取引成立時点でその販売活動が終了す

るものではなく，顧客の購買直後からの使用経過の"見守り"とその使用過程における不満足発生要因の迅速なる察知こそが何よりも重要となる」と指摘しています。そして「この不満の発生過程とは新たな欲望の発生過程」なのであり，「この新しい欲望に応える活動こそが買い手側に対する次期購買時における最大のプロモーション要因となることを認識しなければならない」と強調しています（228頁）。このことは，**第5章**の図表5-2によっても示されている通りです。

　ここで重要となる点は，買い手として得ることになる次のような効用にもあるのかもしれません。すなわち，「買い手側の観点から見れば，購買・使用後の経過を見守ってくれる売り手の姿は，その購買した財に対する売り手企業の"責任感の強さ"として認識され，結果的にその売り手に対する信頼度の向上を醸成するプロセスとして捉えられることになる」（229頁）という点です。営業担当者として，このような誠実な対応と向き合い方の中に，「製品の取引や信頼」および営業担当者としての「人格的信頼」が生まれるという意識を向ける必要性が，ことさら強調されるでしょう。

3. 販売提供価値の再認識と"営業マイオピア"への回避の重要性

　上述してきたことは，いずれも，アフターセールス・サービス活動におけるサービス品質や顧客対応品質の差が，リピート・オーダー獲得の差に繋がることを示したものと言えますが，このことは，営業担当者としての"品質の差"も販売対象となる，ということを示唆していたことに他なりません。たとえ売り物としての製品自体の品質（物理的有用性）は，競合他社との間に差異が知覚されにくい状況にあっても，営業担当者における営業品質の差は，買い手である相手に客観的に知覚させることができるのです。それゆえに，売り手の営業品質の差を売り手の販売要素として購買させることも十分に可能となるのです。

　売り手の営業品質を売りにするためには，「売り手が販売・提供している価値とは何か」について再定義することが重要となってきます。この販売提供価値が，製品やサービスの特質だけに目が向いている状況であるとすれば，それ

は極めて危険なことであると言えます。その理由は，いわゆる「マーケティング・マイオピア（近視眼）」に陥っていると考えられるからです。ここでは，いわば"営業マイオピア"とでも言えるでしょうか。

　ここで言う「マーケティング・マイオピア」とは，売り手の提供している価値について，売り手の立場から物事を見てしまうことにより，焦点が絞られすぎた狭い見方に陥ってしまうことを指しています。わかりやすく述べるとすれば，CDの製造や販売に携わる企業が，「音楽を聴くにはCDが不可欠であり，消費者が音楽を欲する限りにおいてCDは売れ続ける」といった発想をしてしまうように，物事を自社の提供"財"の観点から硬直的に見てしまうことを意味します。しかし，すでに**第4章**で見てきた通り，消費者がCDを購買するのは，音楽を聴くための一手段にすぎないことを忘れてはなりません。一手段にすぎないわけですから，他にCDの購買行為に対する労力削減が得られる方法が提供されたり，あるいは，単にCDを再生するだけでは生み出されなかったような，音楽聴取行為時における"従来にはなかった画期的な価値"が生み出されたりすることになれば，CD購買という音楽聴取手段を選択することはもはやなくなってしまうのです。Appleの「iTunes」を代表とする一連のパッケージの登場に見られるように，インターネット・ダウンロードによる音源購入と音楽管理ソフトがパッケージ化されることによって，従来のCD再生行為では実現できなかったようなことが今や現実化されるようになりました。

　たとえば，それは，自分の好きな音楽を・好きな順番で・好きな回数・好きな時間分組み合わせて，自らいかようにでも再生プログラムを設計することが可能になった，といったことが挙げられます。CDの製造や販売に携わる企業が，音楽を聴くためにはCD購買が不可欠だと硬直的に捉えている限り，このような消費者側に起こった環境変化への対応は遅れる一方でしょうし，依然として，CDの音源品質を上げればCDセールスが伸びると錯覚し続けていくことは容易に推察できます。

　同様のことは，営業に対しても言えるのは明らかです。売り手の販売提供している価値やモノごとは，提供製品・サービスそのものにあると認識している限りにおいて，買い手の側の購買する価値も，その製品・サービス自体，あるいはその財が有する特質に限定化して認識されてしまうのです。そして，買い

手の購買価値が，製品・サービス自体に向けられてしまうのであれば，買い手の採る戦略行動はもはや明白となるのではないでしょうか。

　すなわち，買い手は，インターネットで同等品質の製品・サービスを検索して，インターネット販売業者の最低販売価格を発見することで取引価格に対する値下げ交渉・値下げ要求を試みようとするか，あるいは，その値下げ交渉が難航するとわかれば，インターネット販売業者にシフトすることによって最低販売価格での取引成立を目指す，という戦略行動に出るのです。売り手としてみれば，値下げ要求に応えることで利益を極小化させざるを得ないか，あるいは"売り逃し（販売機会損失)"を招くかという，究極の二択を迫られることになるのです。

　このような事態に陥らないためにも，売り手の提供する価値について再定義を行い，決してその提供価値を，製品・サービス自体や提供財の特質に限定化・硬直化・固定化させないことが重要となってきます。すなわち，製品・サービス自体やその提供財の特質は，提供価値の一部にすぎない，という認識を持つことが重要なのです。そして，そのような認識を基にした時にはじめて，売り手の提供する価値を，製品・サービス自体やその特質に求めるのではなく，それらの特質を含む"一連の価値"として，営業担当者の"品質の差異"による"効用"までも組み入れた包括的な価値提供が可能となるのです。

　重要なことは，営業担当者の人格的魅力性をはじめ，行為的信頼性や情報的信頼性の"違い"や"差"も，相手に購買してもらう価値として販売要素になるのであり，そしてこの点が，競合他社との差別化をもたらす視点の1つにもなり得るということなのです。顧客満足を創出させるべく取り組む営業活動の仕方や工夫にこそ，刀根の考え方の中核にある"人と人との取引"における信頼感の醸成にも繋がっていくのだ，ということを忘れてはなりません。

考えてみよう

① 「営業」という仕事は，どのような役割を担っていたのでしょうか？　本文で説明された5つの観点について，それぞれまとめてみましょう。
② 「アフターセールス・サービス活動」とは，どのようなこと（観点）から構成されるのでしょうか？　また，顧客に発生する不満(感)には，どのような特徴があったのでしょうか？

③　営業展開において「営業マイオピア」に陥らないためには，どのような視点を
　　持つことが重要だったのでしょうか？　また，そのような視点を持つことは，営
　　業展開上においてどのような利点があるのでしょうか？

注
(1)　石井（2012）は，営業とマーケティングとの関係について，「営業は，実際のお客
　　さんに向けた活動」であり，「マーケティングは，お客さんになる可能性のある人に
　　向けた活動」として峻別しています（195頁）。
(2)　ここでの記述は，田村（1999）の第4章での記述にヒントを得ています。
(3)　営業が，属人的なもの（属人営業）ではなく，マネジメント体制のもとに展開され
　　る必要がある，ということについて詳細な議論を行っているものとして，石井（2012）
　　が挙げられます。
(4)　営業に課された役割が，個別顧客の取引という点に加えて，その特定顧客の取引に
　　まつわる部門横断的な社内動向を掌握しているということからすると，営業とはホロ
　　ン的性格を有している，と認識することができます。ここで言うホロンとは，「全体
　　から見ると一部分であるが，それ自体は完全なものとしての機能をもつもの」を意味
　　する用語です。田村（1999）では，「ホロンという観点からみると，営業部門は顧客
　　価値創造の全過程の一要素であるが，同時に顧客価値創造の全過程を代表している」（50
　　頁）と述べられています。なお，ホロンについては，今田（1986）に詳しく説明され
　　ています。
(5)　したがって，刀根（1984a）では，企業内におけるサービス部門の位置付けや，サ
　　ービス・ミックスについて主に議論展開がなされています。しかしながら，その対顧
　　客活動に関する言及については，営業部あるいは営業担当者として傾聴するに値する
　　ものが多く残されていることから，ここでは注目して取り上げたいと思います。
(6)　補足をすると，「アフターセールス戦略」とは，全社的なサービス体制に関わる全
　　社的戦略方針を意味しており，その中で展開される具体的なサービス活動展開の1つ
　　に「アフターセールス・サービス活動」がある，という位置付け関係になります。
(7)　今改めて考えると，当時としてはまだ「リレーションシップ・マーケティング」や
　　「関係性マーケティング」という言葉が席巻していない時代であったことから，この
　　ような新たな視座のもとに展開される「アフターセールス戦略」および「アフターセ
　　ールス・サービス」の概念を提唱した明治大学商学部名誉教授の刀根武晴教授は，先
　　見の明があったと言えます。
(8)　この状況は，社会から“ブランド力のある企業・製品”だと認識されている場合に
　　おいては，少々の不始末や不祥事を起こした程度であれば，顧客が離れない，という
　　現象とよく似ています。長期間にわたって構築されてきた信用が，少々のことでは破
　　壊されないこと，またその信用（力）によって，不満に対する解消・回復速度が通常
　　より早くなる，という現象に類推させて捉えることができます。

（河内　俊樹）

1. 営業スタイルの種類

　営業スタイルには,「飛び込み営業」,「ルート営業（ルート・セールス）」や「御用聞き営業」,「押し込み営業」,「提案営業」や「ソリューション営業」など様々なタイプが存在します。その他にも,営業スタイルのうち,営業担当者の心構えや意気込みのような特徴を基にした「義理人情型営業」,体育会系的な「情熱型営業」,さらには"経験・勘・度胸"の頭文字をとった「KKD営業」なるものまで存在しています。

　先に挙げた「飛び込み営業」とは,先方へのアポイントメント（面会予約）なしで初対面の相手を訪問し,営業することを言います。つまり,売り手の一方的な面会要求のもとに行われる営業です。この営業スタイルでは,千載一遇の新規取引先の獲得が見込める期待もありますが,顧客に対して警戒心を抱かせてしまうことも事実であるため,簡単には買い手側担当者に取り合ってもらえず,営業内容の説明まで辿り着けないことが多いと言えます。既存顧客の紹介による新規顧客の獲得が見込めない状況においては,この「飛び込み営業」や,面会漕ぎ着けに向けた電話攻勢が基本となるため,たとえ,説明機会や面会機会の獲得に失敗したとしても,先方へ渡したり送付したりするための資料等の準備をしておく必要があると言えます。

　「ルート営業」および「御用聞き営業」とは,営業担当者が顧客（得意先）を定期的に訪問して,その顧客から注文を受ける営業のことを言います。営業ルートを定期的に循環していく中での受注獲得となるため,当然,毎回注文（新規受注や再受注）が発生するとは限らないと言えます。

　「押し込み営業」とは,顧客に一定量まとまった数量の製品を販売する営業のことを言います。売り手の立場からすると,"押し込む"営業,すなわち"押し売り"が意味している通り,過剰在庫の是正を企図している場合が多いこと

も確かです。買い手の立場からしてみれば，大量・一括購入による仕入価格交渉が有利にできることになるため，仕入・調達計画上において一定の貢献が見込めることになります。しかし，この押し込み営業は，ややもすると“売り手の都合”による取引要請となることから，「製品・取引信頼」と「人格的信頼」に影響を与えかねないということに注意を払う必要があります。

「提案営業」と「ソリューション営業」とは，本質的には同じことを指しており，いずれも，顧客に対して何らかの問題解決を提案する営業です。製品を通じて顧客の問題をいかに解決するのかを示したり，あるいは顧客自身にそのような問題があることについての認識を促進させたりするため，競合他社との差別化を前提とした，売り手固有の提案をしていくことになります。近年では，「ソリューション営業」という言葉も頻繁に聞かれるようになりましたが，この言葉は，販売対象の中心がサービス財に設定されている場合に使用されます。したがって，顧客に対してサービスを通じて問題解決をしたり，あるいは製品のみならずサービスも付加させたトータル・システムを通じて問題解決をしたりする時に，この言葉が用いられる傾向があります。同様のことは，「コンサルティング営業」と表記されることもあります。以下では，この「ソリューション営業」や「コンサルティング営業」についても，「提案営業」に含めて言及していくことにします。

2. 提案行為の基本的原理と情報格差構築の重要性

さて，ここからは「提案営業」において不可欠な，“提案をする”ことの前提条件について考えていくことにしましょう。

提案営業を行うにあたって必要となるのは，売り手側が提案材料を持つことにあります。これは，提案する内容（材料）なくして相手と商談・交渉の場に臨むことなど不可能だからに他なりません。しかし，注意しなければならないのは，たとえ売り手側が提案材料を持ち商談・交渉の場に臨んだとしても，買い手である相手からした時に，その提案内容（材料）が既知の物事であったり，想定内のものであったりしたとしたら，いくら売り手が提案材料を持って商談・交渉に臨んだとしても，提案したことにはならないということです。

　一般的に，提案行為を成立させるためには，提案する側と提案される側とを比較した時，提案する側において，提案される側よりも情報量が多い状態にある時に可能となります。したがって，提案が成立するための基本的原理とは，提案する側が保有している情報量が，提案される側が保有している情報量を上回っている状態になければならないと言えます。それゆえに，提案する側において，どれだけ相手以上に提案内容にまつわる情報を掌握しているか，すなわち提案する側において，どれだけ提案される側にとっての未知の情報を持ち得ているのかという点が，提案成立のための要件となるのです。換言すると，提案行為を成立させるための前提条件とは，提案相手に対して「情報格差」が構築されていなければならない，と言うことができます。

$$〔情報格差〕＝〔売り手の保有情報量〕－〔買い手の保有情報量〕$$

　「情報格差」とは，売り手と買い手との間を比較した時の，情報保有量の量的差分によって捉えることができます[1]。したがって，この情報格差を築き上げれば上げるほど，売り手は買い手に対して，その保有情報量の格差分だけ提案材料を持つことを意味します。もちろん，売り手が提案した内容（材料）を買い手が受容するか否かについては，買い手側の意思決定の問題として，提案行為の事後プロセスとして認識されます。しかし，少なくとも，売り手の提案内容（材料）に対する買い手の受容確度，すなわち買い手に対する操作可能性を高めていくためには，情報格差を築き上げるための積極的かつ広範な情報収集が必要となることは明らかと言えるでしょう。

　売り手と買い手との間で行われるビジネス問題を対象とする取引において，この情報格差を築き上げていくことの目的は，「情報力の強化」による「交渉力優位性の確保」に他なりません。通常，売り手の情報力が増加すればするほど，売り手の"買い手に対する交渉力"は高まると言えます。同様のことは逆の立場からも言うことができ，買い手の情報力が増加すればするほど，買い手の"売り手に対する交渉力"が高まると言えます。すなわちこれは，売り手側からしてみれば，売り手の"買い手に対する交渉力"が弱い状態となることを意味します。この言明から推察されるように，売り手の提案が効かない状態に

あるとは，買い手との間の情報格差の構築に失敗し，買い手側の交渉力が高い状態，すなわち，買い手の保有情報（量）に由来する"被操作性低減"状態，あるいは"抵抗力向上"状態が発生しているということなのです。

3. 情報格差概念に基づく取引様態の分類と営業戦略の指針

　さて，情報格差の構築とは，提案営業を行うに当たり，買い手に対する交渉力優位性確保に向けた必須行為であることが理解されましたが，本節では，売り手と買い手双方の保有情報量の違いによって，取引の有り様がどのように変化するのかということに，焦点を当てて見たいと思います。次の図表8-1は，売り手と買い手双方の保有情報量の相対的差異を基に，取引様態について分類したものです。

　情報格差を高めた取引の展開とは，取引相手に対して主導的立場を確保した取引展開が可能となることを意味しています。したがって，売り手が情報格差を構築すると，買い手に対して積極的な関与が見込める取引関係となり，そのような取引関係を前提とした営業戦略が可能となると言えます。一方，逆に買い手が情報格差を構築すると，買い手の意図や思惑に売り手を誘導するような取引関係に持ち込むことも可能となるのです。

　以下では，図表8-1によって示された取引関係を基に，それぞれの象限で

図表8-1　保有情報量の違いによる取引様態の識別

		売り手の情報保有量		
		多　い		少ない
買い手の情報保有量	多い	Ⅱ　創発志向型取引 協働開発型取引		Ⅰ　価格競争型取引 仕様提示型取引
	少ない	Ⅲ　戦略提案型取引 （コンセプト提案型取引）		Ⅳ　注文受注型取引 ルーティン購買型取引

出所：筆者作成。

174

示される取引様態を基にした，売り手の取引獲得条件や営業戦略展開について見ていくことにします。

(1) 第Ⅰ象限の特質

　この第Ⅰ象限に位置付けられる取引関係は，保有情報量の相対的格差の観点から，買い手が主導権を握る取引となります。この象限上の取引の特徴は，買い手自身において，問題となっている事象が明示化されており，何が必要とされているのか，あるいは当該問題に対する解決策やその解決プロセスについて明らかになっている状況にあります。したがって，必要とする製品・サービスの機能的・性能的・品質的状態などの仕様情報についても明らかとなっているため，買い手が発注先としての売り手を選択できる状況にあるのです。また，買い手自身において仕様情報が明らかとなっていることから，発注先企業に対して仕様指示や仕様指定をする形で，必要な製品の生産や，必要なサービスの提供を要求することもできてしまうと言えます。いわゆる下請関係にある取引というのは，この象限の典型的な取引例として認識できるのです。

　このような状況下において，買い手は，発注先となる可能性がある売り手に対して，競争見積を取ることが可能となります。買い手の側に取引交渉上の優位性があるため，発注先となる売り手は，納品数量（生産数量）や納期といった取引条件について交渉され，さらには価格交渉に持ち込まれる可能性が極めて高いと言えます。あるいは，直接的な価格交渉は厳しくなかったとしても，買い手は取引条件の一環と称した無料奉仕等を要求してくるかもしれません。

　このような展開パターンにおいて危惧されるのは，売り手として，複数の競合他社が存在していることを前提に，取引獲得を得るための努力行為をせざるを得ないという点にあります。ここで最も注意をしなければならないのは，売り手として，一旦買い手からの条件や要求を飲んでしまうと，基に戻すことは極めて困難になるということです。つまり，価格交渉や無料奉仕をはじめとする取引条件は，一度受け入れたらその水準を維持し続けなければならず，経時的にはそれらに対する要求が厳しくなることが見込まれるのです。買い手に売り手の選択権がある状況とは，このような事態を想定しておく必要があると言えるでしょう。

したがって，この象限において売り手が取引獲得を目指すのであれば，買い手の専従的取引要求である，製品・サービス仕様実現への要求や，取引交渉・価格交渉への要求等に応えることが可能なだけの柔軟性や適応力が存在していなければならないと言えます。そのような専従的取引の獲得に踏み込むか否かは，トップ・マネジメントや営業部内の英断も必要とされますが，それ以上に，適正利益を生むための管理会計上の判断（粗利ミックス等）が重要視されるのは言うまでもありません。したがって，売り手にこのような専従的取引に踏み込む余力が残されていないのであれば，少しでも売り手が取引上の旨みを享受すべく，売り手の保有情報量を高めた状態を確保することに努め，第Ⅱ象限や第Ⅲ象限での取引展開を目指す必要があるのです。

(2) 第Ⅱ象限の特質

この第Ⅱ象限に位置付けられる取引関係は，相対的に，売り手と買い手双方の保有情報量が多い状況にあるため，両者の保有情報の質的違いを基にした相互行為展開が見込めるということになります。たとえば，これは買い手の側で必要とされる製品やその機能的特質が明らかになりつつある状況において，売り手の側である産業財企業が，その問題解決に向けた具体的・技術的提供方法を検討するといったことや，売り手と買い手双方の相互行為展開の中で，より一層本質的な問題点が浮上し明らかとなることで，その解決に向けた試行錯誤が両者の間で繰り広げられる，といったことが想定されます。

したがって，消費財企業（買い手）の側で新製品コンセプトを開発した後，そのコンセプトを実現させるような機能性を備えた部品・パーツを産業財企業（売り手）が開発・設計する，といった機能・役割分担型の協働開発スタイルもこの象限に位置付けられますし，あるいは，保有情報量の質的違いを基にした過去に存在しない画期的な新製品開発をゼロベースで展開することもこの象限での展開となります。特に，この後者の場合においては，売り手と買い手とが極めてフラットに近い状態から相互行為展開をスタートさせることになるため，双方の保有情報の共有による相互啓発を繰り返すことで，「創発」を生み出すことも可能になると言えます（この「創発」概念とマーケティング実践の考え方については，上原（2008）を参照してください）。

　以上のことから，この象限において売り手が取引獲得を目指すのであれば，買い手の側からした時に，取引するに値する売り手であること，すなわち協働関係を結ぶにふさわしい専門能力を備えていることが要件となります。したがって，売り手としては第一に，買い手からの課題提示や買い手との共有課題に対して応じることができるように，常日頃から問題解決能力（問題協働解決能力）の獲得とその向上を目指していくことが要求されるのです。それゆえに，売り手企業においては，武器となるコア・コンピタンス[2]を明確にし，そのコア・コンピタンスにおいて，競合他社よりも優秀であり続けるための精錬をし続けていく必要があると言えます。なお，本書Short Case 1 の「『三方よし』の実践による価値共創型製品開発の展開」は，この象限の開発事例でした。

(3) 第Ⅲ象限の特質

　この第Ⅲ象限に位置付けられる取引関係は，保有情報量の相対的格差の観点から，売り手が主導権を握る取引関係となります。したがって，売り手が主導権を握るということから，売り手としてみれば，買い手に対して自身と取引をする妥当性や必然性を訴えながら，取引獲得を目指すことになります。ここで言う取引をする妥当性や必然性を訴えるとは，買い手が売り手と取引することで，買い手自身のビジネス遂行上において，その買い手は何らかの戦略的効用が得られるということの訴求を基本とします。それゆえに，たとえば買い手が察知していない事象について気づかせることで，この取引が買い手のビジネス戦略上において効果があることを提示したり，あるいは買い手自身では解決できないけれども，売り手と組むことで何らかのビジネス上の問題が解決され，結果として買い手にとって戦略的効用が得られることになる，といったことを認識させることを目指します。

　以上のことから，この象限における取引関係では，保有情報量の相対的格差の観点から，他のどの象限における取引関係よりも，売り手が買い手に与える戦略的効用の程度，あるいは買い手に対する価値創出への売り手の貢献度が高いものになると特徴づけることができます。それゆえに，買い手に与える価値や戦略的効用の大きさから，売り手としての取引上の旨みは最も高く現出するものの，一方で問題となるのは，売り手固有の提案内容，換言すると，提案内

容の独自性をどこまで確保できるか，ということに掛かっているとも言えます。

　なお，この象限での取引において重要な，買い手に提案内容を受け入れてもらうための視点，すなわち交渉力優位性の確保に向けた情報格差構築のための分析視点については，次節において詳細に見ていくことにします。

(4)　第Ⅳ象限の特質

　この第Ⅳ象限に位置付けられる取引関係は，売り手・買い手双方の保有情報量が低い状態にあることから，双方において取引に関する積極的な関与が展開されないということになります。したがって，この象限において展開される取引関係には，次の２つが想定されます。すなわち，１つめに，取引しようとしている製品・サービスにおいて特段の仕様指定がなく汎用財で賄える場合，そして２つめに，既存製品・サービスの再受注時において，仕様・取引条件に対する再検討の必要性が特段発生しておらず，直接再購買が常態化している場合です。

　１つめの，取引しようとしている製品・サービスが汎用財で賄える場合とは，製品であれば，品質差異がそれほど問題視されないような製品であったり，規格や品質面において業界標準が設定されていたりする製品，さらには業務用消耗品や補助的備品のように，ある種消費財としても購入可能な製品として販売されているものなどが想定されます。要するに，いずれの業者であれ，製品性能等が保証されている限りにおいて，品質の差が有意に認められない製品ということです。他方，サービスであれば「条件固定型サービス」[3]として提供されているものが該当します。これは，サービスに対する売り手の提供内容や提供方法等のプログラムが，顧客を問わず一律化しているものを指します。したがって，条件固定型サービスである限りにおいて，買い手は必要とするサービス内容が一定の水準で得られるのであれば，いずれの業者でもかまわないという発想になります。

　２つめの，既存製品・サービスの再受注時において直接再購買が常態化している場合とは，上述したように，仕様・取引条件に対して再検討の必要性が発生しておらず，取引の固定化を招いている状況と言うことができます。もちろん，取引契約に基づいて，すでに納品間隔や納品期間が定められているがゆえ

に，直接再購買としての再注文を行っているにすぎないということもありますが，基本的には，ルーティンのごとく同一内容・同一条件による購買が繰り返されている状態にあるものが，これに該当することになります。

　このような2つの取引想定において共通するのは，原則として得意先や買い手からの注文を待機するような取引スタイルにならざるを得ないということです。したがって，ルート営業訪問による御用聞きを行う中で注文を受けるか，あるいは受注センターや営業担当者に注文が入るのを待つ，といった受動型の営業形式になるのです。このようなスタイルにならざるを得ない理由は，汎用財であれルーティン的な直接再購買であれ，買い手の側からしてみれば，何らかの製品・サービス品質上の問題や取引上の問題が認められない限りにおいて，取引内容を積極的に検討（再検討）する必要性すらないという，根本的な理由があるからに他なりません。

　そもそも，取引する製品やサービスにおいて一定の品質水準が保証される限り，どの業者の提供財を使用したところで大差ないのです。したがって，既存取引が発生している場合においては，取引する製品やサービス，あるいは取引・納品業者を変更することによるトラブル発生リスクの方こそを恐れるために，むしろ既存の取引内容を尊重して維持する傾向が見られるのです。要するに，何かしらを変更したことで発生するであろう，直接的な損害を被るリスクを極小化したいという思惑が根底にあるのです。それゆえに，このような状況において取引獲得やその維持を目指すのであれば，それぞれ以下の方向性を検討していくことになるでしょう。

① 汎用財取引の場合

　1つめの汎用財取引の場合においては，2つの戦略展開が有効となります。すなわち，1つめの戦略展開とは，当該製品・サービス領域において定番ブランド化を目指すことで，指名買い受注を獲得していく方向です。特に品質の安定性と信頼性を基にしたブランド化を目指すことで，コモディティ化に陥りやすい製品・サービス分野であったとしても，買い手の考慮集合（購買検討の対象となる製品の集合）の中に常に位置付けられる指標となることを目指すのです。当該製品・サービス領域におけるブランド化に成功したとしたら，たとえ，買

い手の製品・サービスに対する品質判断能力が乏しかったとしても，新規取引時における自社（売り手）への選択確率が飛躍的に高まることが見込めることになります。

　そして，2つめの戦略展開とは，製品・サービスの多様化を図りながら，買い手の選択性向上と購買利便性を高めるという方向です。これは，汎用財のカタログ販売やインターネット販売を行っている企業が，その成功例と言えます。もちろん，この製品・サービスの多様化の方向としては，自社の専門領域や得意領域を基にした，少数の製品／サービス・カテゴリー内での多様化を目指す方向を基本として，その他，製品／サービス・カテゴリーを横断するようなオール・ラウンダー型を目指す方向も考えられます。前者は，専門領域特化型の深型品揃え形成と言え，後者はカテゴリー横断型の総合型品揃え形成と言えます。もちろん，この後者のカテゴリー横断型の展開については，すべてを自社で賄わなくても，提携関係による実現も可能です。いずれにしても，買い手にしてみれば，そもそも何しろそこまで積極的に関与するような取引案件ではないことから，買い手の取引にまつわる様々なコストや労力削減にいかに貢献できるのかが，選択・受容されるための決定打となるでしょう。

　したがって，買い手にとっていかに使い勝手のよい，利便性の高い企業として評価されるのか，という点に焦点を合わせた戦略展開を採らざるを得なくなるのです。言い換えるとすれば，専門領域特化型であれカテゴリー横断型であれ，常に買い手の必要とする財が用意されているという品揃えの豊富さを実現することによって，買い手側における取引先の集約化と合理化に貢献することを目指すのです。

② 直接再購買が常態化している場合

　もう1つの，既存製品・サービスの再受注時における直接再購買の常態化の場合ですが，これは一見すると，リピート・オーダーの獲得とその安定化に成功しているように見受けられます。しかし，それは表面的形式的な現象にすぎないことを理解する必要があります。その理由は，この第Ⅳ象限の特質からすれば，依然として，売り手として利益創出に向けた積極的展開が困難な状態にあるからです。

　この直接再購買の常態化において戦略的指針となるのは，取引内容の刷新を図ることにあります。というのは，取引の長期固定化が進めば進むほど，買い手からの低価格化への要求圧力が発生しかねないと言え，もしも売り手がその要求に応えることができなければ，取引先変更をちらつかされる事態さえも発生しかねないと言えるからです。買い手の側がこのようなパワー行使をしはじめる動機としては，次の2つが考えられます。1つは，直接再購買の常態化によって，買い手自らが必要とする製品・サービス水準が理解・判断できるようになり，買い手が保有情報量を高めた結果，第Ⅰ象限での取引関係へ変貌を遂げる可能性が高いこと。そしていま1つは，買い手側仕入れ担当者の評価指標が，購買・納品価格の引き下げをはじめとする仕入れコスト削減努力へとシフトする可能性が高いことです。

　特に後者については，取引内容と購買パターンが固定化することから，取引自体に実質的な変化がない分，取引・仕入れ担当者として評価される項目が，毎回の仕入れコスト削減にどれだけ貢献したかという点に求められていったとしても，何ら不思議ではありません。取引・仕入れ担当者が，組織における個人的評価獲得に向けた欲望達成行動として，このような仕入れコスト削減努力に向けた交渉を持ち掛けることもあると言えるでしょう。いわゆるこれは，組織購買における「欲望の二重性問題」として捉えることができる現象です[4]。

　そうであるとすれば，この直接再購買が常態化している場合の取引関係においては，いち早く取引行為を売り手が優位に展開できるよう，第Ⅲ象限へ移行していくことが求められるのです。ここへ来て，第Ⅳ象限における売り手の戦略的指針が，第Ⅲ象限での取引展開を目指すべく，取引内容の刷新を積極的に獲得していくであることの重要性が認識できるのです。

　したがって，ここで強調されなければならないことは，次の点にあります。すなわち，ルーティン的取引の継続による取引関係の長期化は，単に得意先への御用聞き・営業周りによって受注機会を逃さないことに意義があるのではなく，買い手組織の観察とコミュニケーション活動により，次なる新規取引提案の行うための情報収集期間として認識する必要があるということです。

　要するに，取引の継続期間とは，次なる新規取引や取引刷新の締結に向けたビフォアープロセスとして，提案内容の準備検討期間である，と認識しなけれ

ばならないのです。買い手の状況とは，日々刻々と問題や課題が変化していく
ものと捉える必要があり，そこに新規取引や取引刷新に向けた受注獲得チャン
スが眠っていると考える必要があります。したがって，ここにおいてもまた，
第7章で見てきた「アフターセールス戦略」の重要性が再認識できると言える
のではないでしょうか。以下の本章4.では，第Ⅲ象限において必要となる「交
渉力優位性の確保」について，詳細に見ていくことにします。

4. 交渉力優位性を確保するための情報収集対象とその有効性

(1) 提案行為における外部者目線の有効性

　営業における取引が，売り手と買い手との間で発生するビジネス問題を対象
とする限りにおいて，営業戦略の対象とは，買い手のビジネス上の事象につい
て取り扱うことになります。したがって，売り手の交渉力優位性を確保するた
めには，買い手のビジネス事象として認識される，経営戦略上の問題やマーケ
ティング戦略上の市場問題を対象とした情報掌握に努めることが大原則となる
のです。当然，提案される側である買い手自身は，自らが直面している経営戦
略上やマーケティング戦略上の問題については，通常ある程度の認識をしてい
ることもあります。このように書いてしまうと，情報格差の構築が困難である
ことを暗示していることになりかねません。しかし，注目しなければならない
点は，売り手と買い手とは，相互に組織集団の外部者であることから保有して
いる情報は根本的に異質であり，それら保有情報の一方が他方へ補完された場
合には，相手方の認知限界を突破できる契機を秘めているということです。

　組織集団における所属集団上の違いというのは，組織が過去から現在まで培
ってきた文化・歴史・社風・意思決定傾向等において，顕著にその違いが現れ
ます。すなわち，各々の組織は，過去から現在まで経験・学習してきた物事や
そのプロセスが同一ではないという点にこそ，組織やその組織構成員が保有す
る情報の"異質性"の存在が認められるのです。したがって，売り手側（組織
や個人）と買い手側（組織や個人）との間においては，保有情報において異質
であるがゆえに，たとえ同一現象を目の当たりにしていたとしても，その現象
に対する認識・評価・判断・思考プロセス・意思決定等々は，かなりの高確率

で異なるものになると言えます。このようなことは，たとえば業績不振に喘（あえ）いでいる企業があった時に，その分析視点として，管理会計上の分析に力を入れることでコスト・パフォーマンスの改善提案をする企業があったり，あるいは組織構成上の部署を統廃合することで人員配置の再編と業務内容のスリム化を提案する企業があったり，はたまた顧客に対する価値創出の観点から新たなマーケティング戦略について提案する企業があったりと，様々な視点に基づく提案内容が現れることからも理解ができます。

　そしてさらには，売り手と買い手とは，相互に組織集団の外部者であればこそ，未知の問題に対する新規導出が可能になるということが挙げられます。これはもちろん，保有情報の異質性に由来することでもありますが，当該組織とは違う集団に所属している外部者であればこそ "見えている視点" が違うのであり，"見えてくるもの" が異なるというわけです。つまり，組織の外部者であるからこそ，当該組織の認知限界を突破できる契機を秘めており，当該組織単独では認識できなかった未知の問題について発見できる可能性がある，ということです。これは，具体的には売り手と買い手とは相互に外部者として存在しているがゆえに，買い手側が認知すらしていない未知の問題に対して，売り手の側が発見し提案行為に繋げることも可能になるということです。

　集団の中にいる人物というのは，組織集団内での日常や慣行が至極当たり前のものとなってしまい，その常識から逸脱するための視点や思考を失うことが往々にしてあります。したがって，業務改善をはじめ，物事をより効率的・効果的に行うことに対する "知恵や工夫" の創出が鈍化してしまい，改善提案自体の発生が逓減してしまうことが多くあるのです。言い換えると，慣行や常識に対する漸次的固定化の発生と言うことができます。いわゆる "慣れ" や "惰性" を重視してしまう組織集団傾向というのは，この最たる例かもしれません。そのような状況下にあり，当該組織集団には所属していない外部者がある事象や現象を見た時，すぐさまに改善提案を成し遂げることが散見されます。いわゆるコンサルタント業務に従事する人物は，このような改善提案に秀でている人物のことを指します。

　外部にいる人物は，当該組織集団が直面している知識・経験とは異なる知識・経験の蓄積（保有情報の異質性）があるため，当該組織集団にとっては慣行や

常識であるものが，もはや慣行や常識でも何でもなくなるのです。外部者の視点が有効であることの理由は，このような，当該所属集団に対する認知限界の突破にあると言えます。それゆえに，外部者の観察眼と眼力を用いた戦略提案行為が有効化する可能性が高いことは明らかと言えるでしょう。

(2) 交渉力優位性を導く分析対象の視点

　前項において，営業における取引が，売り手と買い手との間で発生するビジネス取引行為を問題とすることから，営業戦略の対象とは，買い手のビジネス上の事象について取り扱うことが述べられました。ここでは，提案内容について検討する際の分析対象として認識される，経営戦略上の問題やマーケティング戦略上の市場問題について考えていきたいと思います。

① 経営戦略に対する分析視点

　組織間取引を対象とする産業財においては，まず，買い手の経営戦略上の課題についての問題解決を提案する，という視点が考えられます。基本的に経営戦略上の課題を分析対象とすることから，管理会計や財務会計，労務管理，労働環境，人材教育，生産管理，品質管理といった企業内部で行われている業務遂行上の課題を主な分析対象とすることになります。したがって，経営戦略上の課題とは，具体的には，内部収益状況の改善に寄与するものとなるのです。なお，ここで言う「内部収益」とは，組織内部におけるコストの圧縮や削減からもたらされる収益を指しています。したがって，「内部収益状況の改善」とは，組織内部で発生する変動費や固定費を削減するなど，組織内部のコスト的状況が変わることによって確保することができる収益を増加させていくことを意味しています。

　内部収益状況の改善という観点であることから，基本的には，業務負担の軽減，業務効率の改善，業務上の人的労力の削減，企業を取り巻く外部環境問題への対応や改善，あるいは，経済的・エネルギー的・エコロジー的（環境生態負荷的）コスト状況の改善が見込めるような提案をすることが，主たる提案内容となります。この中には当然，仕入れコストや資材調達費の削減に繋がるような提案も含まれることになります。

　したがって，内部収益状況の改善に寄与するものとして，もちろん新規製品・サービスの導入を提案することもありますが，それ以外にも，導入済みの既存製品・サービスから新規製品・新サービスへの買替えや取引更新を促す提案が行われたり，あるいは，サービス財としてのシステム・パッケージを導入することによる業務事項の統廃合や削減についての提案や，経営戦略上の様々な意思決定速度を高めるような提案などがされることになるのです。近年注目を浴びたLED照明への買替え・切替えや，働き方改革にともなう業務効率向上のための新システム導入等は，まさに経営戦略上の問題を解決するものとして導入提案がなされたものと考えることができます。

　しかしながら，このような経営戦略的課題としての内部収益状況の改善に向けた提案は，多かれ少なかれ定量的側面が強いため，競合他社による同様の提案が発生しやすい領域であるということに，極めて注意をする必要があります。要するに，競合他社による代替財の提案がされやすい領域なのです。この内部収益状況の改善では，定量的側面におけるパフォーマンス改善状況，すなわち，投入―産出効率状況や費用対効果状況への改善の程度が，提案の受容に対する判断材料となります。したがって，既存製品・サービスから切り替えることによって，導入コストを含めたスイッチング・コスト（既存製品・サービスからの変更に際して発生するコスト）に対する投資回収や補填がどれだけ短期間で確実に行われるのか，あるいは既存製品・サービスをどの程度上回る増収や収益改善に結び付くのかといった視点をはじめ，新システムを導入した結果として，業務の削減や労働時間の短縮がどれだけ見込めるのかといった視点などについても，その収益増加分や労働効率の改善分が評価されることになるのです。ということであれば，競合他社からさらなる投入―産出効率状況や費用対効果状況の改善が期待されるような提案がなされた時，自社の当初提案に対する提案価値は，競合他社によるパフォーマンス改善差分だけ見劣りすることになってしまうのです。この点に注意しておく必要があると言えます。

　さらに，このような定量的パフォーマンス改善に向けた努力行為は，製品・サービス自体が有する増分効用からしても，経時的に逓増状態に向かうことにも注意しておかなければなりません。これは，イノベーションの基本的な理論からしても言えることです。通常，イノベーションは，当初ゆるやかなペース

でしか進まない技術進歩が，時間経過とともに，ある時を境に知識蓄積による急激な進歩・飛躍が見られ，やがてゆるやかな逓増状態となり，天井に近づくように限界を迎えるといった歩みをしていきます。これは，いわゆる「技術進歩のS字カーブ」として知られている現象です。

したがって，この理屈からすれば，初期の提案時には評価対象とされていた製品やサービスをいくらリニューアルし更新していったところで，買い手にとって直接得られる効用自体の絶対量が減るのは必然的であることから，時間が経てば経つほど，製品やサービス自体やその特質だけでは，ますます評価されにくくなっていくことが見込まれるのです。この増分効用の逓減は，競合他者の存在による開発競争の結果，加速化していく可能性があることにも注意が必要です。

このような定量的パフォーマンス改善が困難となってしまった状況において提案営業を獲得するためには，以下の２つの方向性が考えられます。

１つめに，買い手の要求事項として挙がるであろう価格削減要求に応えることです。すなわち，販売価格，導入コスト，仕入れ価格といった費用をいかに競合他社より下げることができるのかという点で，買い手企業に貢献することです。したがって，売り手企業としてみれば，どこまでこの体力消耗戦に付き合うことができるのかという点が取引獲得のための努力条件となるのは，言を俟たないでしょう。このような状態に陥ることの厳しさは，本章**3.**の第Ⅰ象限の説明で考察してきた通りであり，いずれにしても，極力避けたい事態であることには違いありません。

そして，２つめは，**第7章3.**で述べられたように，「営業マイオピア」に陥らないためにも，売り手が販売提供しているモノゴトや価値は何かについて再定義することで，販売提供価値を製品・サービス自体や提供財の特質に限定化・硬直化・固定化させない視点を持つことです。販売価値として提供する一連の価値について常に見直していくことで，製品・サービス自体やその財の特質を"売り"にしないように仕向けていく視点の確保が重要課題となります。

以上のような考察と問題認識を前提にしてみたとき，組織間取引である以上，上述してきた経営戦略上の課題に目を向けた戦略提案を行うことも重要ではありますが，それにはこれまで述べてきたように，何らかの問題点が含まれてい

ることにも注意を払う必要があります。したがって，われわれは，経営戦略上の課題に対する戦略提案を行うこと以上に，以降でみるマーケティング戦略としての市場問題に目を向け，買い手企業の"外部収益"状況の改善に寄与する戦略提案を目指すことの重要性を強調したいと考えています。なお，ここで言う「外部収益」とは，組織の外，すなわち市場から生み出される収益として，具体的には提供財の販売成果からもたらされる売買差益（利益）のことを意味しています。

② マーケティング戦略に対する分析視点

　提案内容の2つめの分析視点は，買い手企業が展開するマーケティング戦略に対する分析です[5]。買い手企業のマーケティング戦略が分析対象として浮上するのは，組織間取引を念頭に置いた時，産業財の買い手である組織も，買い手自身が有する"販売対象として市場の問題"を抱えていることに由来します。これは，流通チャネル構造上の取引連鎖を考えると容易に理解できます。すなわち，売り手である産業財製造企業を起点としたとき，その産業財の買い手には消費財製造企業が位置されますが，流通チャネルとして見ればチャネルの川下に，卸売業者や小売業者といった商業者が位置し，さらにその先に最終消費者が位置しているのです。

　産業財であれ消費財であれ，製品とは，自社よりも流通チャネルの川上に位置する企業から原材料や部品等を調達・購入し，それらを利活用した生産プロセスを経ることで，新たに何らかの価値が生み出された結果として現れた姿である，と捉えることができます。図表8-2を見ると理解されるように，流通チャネルに沿って考えると，流通チャネルの川上に位置する企業Aにおいて生産された財が，川下に位置する企業Bへと販売され，企業Bの生産プロセスへと投入されていくことで，新たな価値を生み出していくことになります。そして，そのように生み出された価値は，さらに川下に位置する企業Cへと販売され，再び企業Cの生産プロセスへ投入されることで，さらに新たな価値を生み出していくのです。このような一連のプロセスは，最終完成品の状態に至るまでに介在する企業数分繰り返されることになります。もちろん，最終完成品として消費財の姿にでき上がると，今度は商業者（卸売業者や小売業者）がその

図表8-2　取引連鎖の図／売り手─売り手関係の連鎖

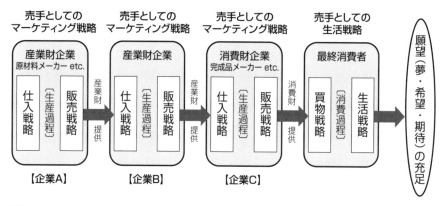

出所：大友（1999，23頁）を一部加筆修正。

消費財を仕入れ，最終消費者の購買代理人として品揃え形成を行うことで，最終消費者に対する「品揃え」という価値を生み出すことになります。そして，商業者がそのような品揃えとしての価値を生み出してくれることによって，最終消費者は商業者（小売業者）の元に出向くことで，その消費財への購買と入手が叶うことになるのです。

　このような取引連鎖を念頭に置くとすれば，組織間取引の相手である買い手企業Cは，常に仕入れや調達の事後に予定されている流通チャネルの川下に向けた価値増幅行為と対象市場での販売問題を抱えている，と認識することができます。その意味するところは，買い手企業Cがいくら売り手企業Bからの仕入れに成功を収めたところで，買い手企業Cよりさらに川下に位置する企業（商業者）や消費者から評価を受けるための価値増幅に成功しなければ，販売成果を得られずに過剰在庫を抱えることになる，ということにあります。そして，そのことは，川下企業Cにおける販売成果が得られない限りにおいて，川上に位置する企業Bの販売問題へと跳ね返ってくるのです。つまり，流通チャネルとして取引連鎖が見られる以上，川下企業Cの販売のもたつきは企業Cの仕入れ問題へ，そしてそれは，すなわち川上企業Bの販売問題へと直結し，さらには企業Bの仕入れ問題，はたまた企業Aの販売問題へと次々に波及していくことになる点を見落としてはならないのです。

　このような流通チャネル上の宿命は，「派生需要」問題として知られています。要するに，川上側に位置する企業の需要（量）は，川下側に位置する企業の需要（量）に依存するという考え方です。したがって，派生需要の特質を念頭に置くのであれば，川上側に位置する企業Ｂが自らの販売需要の拡大を狙って，川下側に位置する企業Ｃの価値増幅や販売問題に貢献するような取組みを展開したとしても，理論上何ら問題はないことになるのです。この点において，売り手である自らの産業財の販売状況改善を念頭に，買い手の市場販売問題，すなわちマーケティング戦略上の問題解決に向けて積極的に関与することの重要性が出てくるのです。

　ところが，このような視点は，産業財販売の極意は「買い手企業の仕入れにいかに貢献できるかである」という認識を持ち続ける限り全く持ちえないと言えるでしょう。そしてそれは，産業財販売の獲得と成功とは「買い手の仕入れ問題に対する貢献度にある」と捉えている限りにおいて，買い手企業の側においても，自社の経営戦略上の内部収益状況の改善に寄与する存在としての売り手としか受け止めてもらえないことに繋がってしまうのです。これは，産業財販売を行う売り手としてみれば，極めて注意を要することかもしれません。

　その理由は，買い手としてみれば，売り手企業の存在価値について単なる内部収益問題を前提としたコスト上の観点でしか認識しないこととなり，結局のところ，定量的パフォーマンスの改善状況の程度のみが売り手企業に向けられる焦点となってしまうからです。下請け企業をはじめとする多くの産業財企業が疲弊していった理由とは，この販売先の仕入れ貢献度の観点に端を発する体力消耗戦スパイラルに陥っていたことに原因があったのではないでしょうか。しかし，いかに納入先である買い手企業の仕入れ上のコスト改善問題に貢献できるか，あるいはいかに納入価格を下げることができるか，といった努力行為には限界があることも周知の通りであり，改めて述べるまでもないでしょう。

　ここで強調するのは，産業財の販売問題は，買い手企業の仕入れ問題と直に結び付くのであり，さらにその仕入れ問題とは，その買い手企業の販売問題に密接するという連鎖構造にあります。すなわち，「買い手の仕入戦略は，買い手の販売戦略に依存する」（大友，2014b，120頁）のです。この点についての重要性は，既に**第５章8.**でも触れた通りです。したがって，疲弊を招くような努

力行為を前提とした納入先への仕入れ貢献でしのぎを削るのではなく，買い手
先の仕入れ行為の事後に予定されている，買い手企業が抱えるマーケティング
戦略上の販売問題や市場問題への貢献を目指していくことは，結果として，産
業財の売り手として自社の販売成果へと結実していくことになる，という認識
を持つことが重要なのです。そして，売り手企業として，買い手企業の内部収
益状況の改善ではなく，外部収益状況の改善に対する貢献という視点において
自らの提供財としての産業財の価値について考えることは，産業財に対する需
要の将来を保証するためにも，そしてその需要獲得の確度を上げていくために
も必要な努力行為であると言っても過言ではないでしょう。自らの産業財に対
する不確実な需要状況を，買い手先の市場創出や市場の維持・確保に求める点
において，産業財市場固有の生存問題があるのです。

　大友（1999）は，産業財企業の提案戦略においていち早く"顧客の顧客"を
分析することの重要性を説き，「買手のアプローチ先としての市場の情報やそ
こでの買手の顧客の欲望を分析することによって，買手の抱えている製造・販
売問題や競争問題を解決する要点を理解し，それが売り手の製品によってどの
ように解決するのかを提案する」ことの必要性を強調していました。さらには，
「買手側の問題解決に繋がるこのようなプロセスを売手側が辿ることによって
はじめて，買手に対して優位な立場を確保することができる」とし，産業財に
おいても，問題解決要因を表現する製品コンセプトの提示が必要であると述べ
ています（19頁）。そして，「真の購買目的は生産された製品の販売においてど
れだけ市場からの外部的収益性が望めるかという点にある」とし，「買い手の
欲望を売り手が充足するためには，徹底的に買い手の販売戦略の何が収益拡大
の支障になっているのかを分析すること」，換言すると，「売り手は買い手の手
段財としての購買効用を高めようとする戦略ではなく，買い手側の販売効用を
高める戦略に対する欲望をこそ充足しなければならない」と述べるのです（大
友，2014b，124頁）。

　それゆえに，産業財販売の本質とは，買い手企業も最終消費者に対する販売
企業であることを前提に，**第5章**でも述べた"売り手―売り手間関係"の問題
としてマーケティング現象を捉える必要があるのであり，さらには，買い手企
業における"売り手企業"としての側面に対してどれほど外部収益性改善に貢

献できるのかという点において，提案内容としての価値が認められることになるのです[6]。

　このような分析視点に基づくのであれば，以下の重要な示唆が得られることになります。すなわち，産業財企業が買い手企業に提案しようとするのは，製品やサービスに対する機能的・品質的・性能的側面ではなく，そのような製品やサービスを通じて最終消費者にもたらすことになる"消費価値"にこそ，提案内容としての訴求点が求められなければならない，ということです。たとえば，大学という組織が販売対象となるプロジェクターのような映像機器備品の売り手企業においては，その販売しようとする製品の機能・性能上の素晴らしさだけを提案するのではなく，製品が有する機能や性能によってもたらすことができる学生への学習環境に対する利便性・快適性向上に対する効用や，あるいは，そのような映像機器製品がもたらすことになる新たな学習スタイルから生み出される学習成果や教育効果獲得への画期的効用にこそ，大学が当該製品を利活用することで生み出される消費価値が認められるはずです。これこそが，大学という組織が抱える"顧客としての学生"に対する教育サービス上の問題解決の視点になると言えるのではないでしょうか。

　同様のことは，部品パーツを消費財製造企業へ販売する産業財企業の提案においても言えます。たとえばそれは，音響部品パーツを取り扱う企業であれば，その部品パーツが有する品質性能上の優秀性や技術的新規性，過酷な使用状況下における耐久性や品質安定性だけを訴えるのではないということになります。その音響部品パーツを組み入れることによって，最終消費者の使用・消費空間上や生活空間上においてどのような問題解決を示すことができるのか，その問題解決としての効用を，最終消費者に与える消費価値として提案するのです。たとえばそれは，YouTubeをはじめとする動画配信サイトに対する注目度から，昨今スマートフォンといった小型携帯端末において動画再生することが一般化した状況において，小さな音量でありながらもセリフや音声が明瞭に聞こえることで，利用者のイヤフォン装着時の聴覚的身体的負担軽減に貢献できることを訴えたり，あるいは，音量を上げずに動画再生が可能となることから，家庭内騒音問題といった生活環境問題の改善によるQOL（Quality of Life）の向上（たとえば，家庭内人間関係の向上や暮らしの豊かさの復興）に焦点が当てられるこ

191

とが，提案内容の本質的な視点である "最終消費者に与える消費価値" となるはずです。

　したがって，提案内容とは，外部収益状況の改善や向上を目的とした販売市場問題，すなわち，買い手企業のマーケティング戦略問題がどれほど改善され，その問題改善に売り手が貢献できるのかという視点から練り上げられている必要があるのであり，それは買い手企業に提案する "戦略的効用" として，"最終消費者に与える消費価値" との関連性が明示化されている必要があると言えるのです。そして，その "戦略的効用" の高さ，すなわち "最終消費者に与える消費価値" の高さこそが，買い手側の評価・判断基準の対象となるように，営業戦略としての提案行為やプロモーション戦略を展開していくのです。

　このような視点に基づいて改めて述べると，産業財製品であれ，それは "顧客の顧客" である "真の顧客"，すなわち最終消費者の欲望や願望問題への解決を見据えた提案を目指していくことの必要性が再認識されると言えるでしょう。ここに来て，産業財企業が行う提案戦略においても，**第5章**で取り上げてきた "最終消費者の願望分析" を基にした提案を創出すべく，最終消費者の生活戦略上のいかなる問題を解決するのか，あるいは，いかなる願望を叶えることに貢献することになるのか，といった視点に基づいて，買い手企業への "戦略的効用" をコンセプト化することの重要性が認識されるのです。

　提案を受容してもらうための情報格差を築き上げる視点とは，"最終消費者の願望分析" においてどれほどの情報収集・分析ができるのかにあります。したがって，産業財企業とは言え "顧客の顧客" である "真の顧客" と直結するような関係性作りを展開したとしても何の問題もなく，むしろ新製品・新規ビジネスの創造においては有効になると言えるのではないでしょうか。産業財企業の中には "真の顧客" の声を集めることに成功し，産業財企業自らが消費財市場へ乗り出していった企業も存在します。情報収集に成功しさえすれば，産業財市場のみならず消費財市場での市場展開の可能性も見えてくるのです。ここにおいて，B to B企業とは言えB to C企業としての目線を持ち，最終消費者市場を分析することの重要性が強調されるのです。そして，産業財企業というB to B企業でありながらもB to C企業として活躍する企業の（消費財市場での）マーケティング戦略を分析することで，産業財企業である自らがどのように消

費財市場に参入していけば販売対象としての市場を創造し，拡張することができるのかについて，その効果的なマーケティング戦略の手法さえも見えてくるのです。このような，産業財企業でありながらも消費財市場を戦略対象として認識するという柔軟な視点の“欠如”にこそ，従来の産業財企業の“利益性の低さの原因”があったと言えるのではないでしょうか。

　いずれにしても，提案内容というのは，買い手に与える戦略的効用の立て方やその視点，すなわち，買い手のマーケティング戦略上の問題解決（コンセプト創造）の着眼点にこそ，定量的側面から逸脱した，競合他社との差別的優位性構築の視点が得られることを忘れてはなりません。買い手である組織集団には所属しない“外部者として存在”する営業担当者の多様な戦略提案視座が受け入れられる理由が，ここにあるのです。

考えてみよう

①　提案営業において必要となる交渉力優位性を確保するための分析対象を，買い手企業の経営戦略の問題に設定してしまうことの限界は，どのようなところにあるのでしょうか？

②　一方で，交渉力優位性を確保するための分析対象を，買い手企業のマーケティング問題や市場問題を設定することの有効性は，どのような点にあるのでしょうか？

③　また，買い手企業のマーケティング問題や市場問題を分析する際には，その分析の視点をどこに置いたら良いのでしょうか？　また，分析視点をそのように設定することによって，提案内容にどのような変化が生まれることになるのでしょうか？

注

(1)　ここでの「情報格差」の考え方は，上原（1999）に依拠しています。

(2)　コア・コンピタンスとは，「顧客に対して，他社には真似できない自社ならではの価値を提供する，企業の中核的な力」のことを指します（ゲイリー・ハメル，C・K・プラハラード，2001，12頁）。

(3)　この「条件固定型サービス」は，上原（1999）によるものです。「条件固定型サービス」の対極に位置するのは「条件適応型サービス」となり，これは，サービス提供プロセスにおいて，漸次的に協働関係が決められていくようなサービスを意味してい

ます。したがって，「条件適応型サービス」は，顧客に応じて，また状況に応じて異なる行為を提供することが予定されていることから，個別対応型サービスとして規定することができます。

(4)　組織購買における「欲望の二重性問題」とは，すでに大友（1999）で示唆されていたものです。これから締結しようとする取引に対して，適切な取引内容のもとで組織としての購買行為を成功に収めたい，という「組織的欲望」が見られる一方で，その取引・仕入れを担当する個人としては，組織内において評価され名声を上げたい，という「個人的欲望」が，一連の取引において内在していることを表しています。従来の組織購買における欲望とは，売り手組織の脈絡で述べられることが一般的であり，たとえば，売上目標達成に対する欲望として，営業担当者個人としての目標が設定されることに加えて，営業部全体としても目標設定されることとなり，それぞれの売上目標ノルマを達成していきたい，という二重の欲望が存在することなどが挙げられていました。その他には，取引の締結に対して，顧客の要望をできるだけ受け入れることで，1人でも多く長期的な関係性構築をもとにした確実な顧客作りに繋げていきたい，という営業担当者の個人的な思惑的欲望がある一方で，企業や営業部の意向としては，顧客の要望の受入れについては，できるだけ顧客間格差の見られない平準的かつ一律化した，つまりコストが掛からない内容で取引を締結したい，といういわば組織的な抑制的欲望が存在することが知られています。当然，営業担当者としてみれば，企業や営業部の意向・制約を前提に，その顧客の要望をどの程度まで受け入れられるのかという，営業担当者個人としての板挟み的な役割・葛藤が生じることになります。顧客の要望を受け入れれば入れるほど，長期的な顧客となる確実性が高まり，自身の営業成績や社内評価，さらには顧客からの評価獲得に対する期待が持てる一方で，その要望をどの程度までに受け入られるかは，企業や営業部による意向や制約によるというところに，それぞれの立場の違いから生じざるを得ない思惑的欲望が交錯することになるのです。いずれにしても，このように，従来の組織購買における欲望とは，売り手組織の中で見られる欲望の分析に留まることが一般的であった中，大友（1999）では，組織が有する欲望を買い手組織の脈絡で捉えることによって，売り手の戦略としての活路を見出そうとする萌芽が見られるところに，戦略視点としての着眼点の斬新さがあったと言えます。

(5)　本項の記述は，大友（1999）での知見を基にしています。

(6)　産業財販売の本質を，"売り手―売り手間関係"として捉えることの重要性は，**第5章8.**で述べられた通りです。この産業財購買者の「真の購買目的」は，当該産業財を使用して生産した製品の販売において，どれだけ市場からの外部的収益性（外部収益状況の改善）が望めるか，という点にこそあります。

（河内　俊樹）

競争相手の再認識に基づく産業財開発と営業の新展開
―買い手が変わると売り方が変わる―

ニッスイ（日本水産株式会社）

松田 良太

1．市場展開を変える

　魚肉ソーセージは畜産加工食品（ハム・ソーセージ等）と比較して低カロリーで高カルシウムな食品です。特に脂質は畜産加工品と比べて50％以上も低脂肪です。魚肉ソーセージの美味しさは，様々なメニューに使用できます。そんな当社の「おさかなソーセージ」を，外食や中食市場に向けて，自然解凍で，剥かずに，切らずに，使う分だけ調理に使える魚肉ソーセージ風[1]商品「おさかなソー」（写真１）を上市し，販売展開した事例です。お魚由来の素材の明確さ，低カロリーでヘルシー，さらには天然着色料使用・添加物不使用といった，当社の市販用商品が大切にしてきたこだわりはそのままです。

　消費者が畜産加工品に対する不安・不満である，原料や加工履歴の不明確さに対して，水産会社の強みであるお魚を原料に，自社の休眠技術の工夫と製造設備の活用によって，生活者視点から商品価値を見直し，業務用の産業財としての展開を意図しました。

2．自社の競争相手は誰か

　1954年に発売された魚肉ハム・ソーセージの生産量の推移は1972年の18万トンをピークとし，1974年以降減少がはじまり，2016年は過去65年で最低の５万2,307トンにまで減少しました。1974年以降の急激な減少は「規制による製造業者の減少」と「原材料価格の高騰」によるものと分析されています。しかし，原料や生産の事情だけではなく，わが国の人口動態の変化や世帯数や世帯あたり人数，家計内消費の変化は1970年代から今日に至るまで静かに大きく様変わりしています。食の外部化比率や支出先の変化や，女性の社会進出などに見られる生活者の行動変

化の本質を見誤り，縮小する
既存市場で，競合他社との価
格競争や品質差別化に注力し，
消耗戦をどう制するかという
ことにとらわれすぎ，お客様
を置き去りにしてしまったの
ではないでしょうか。

〔写真1〕「おさかなソー」。

3．最初に─身の回りによくあること

　読者の皆様に「ちくわ」を思い出していただきたいと思います。皆さんは最近
「ちくわ」を食べましたか？　それはどこで買いましたか？　「ちくわ」を買って
食べた記憶はないけれど，何となくどこかで食べていませんか？　いつの間にか
「ちくわ」は皆さんの身近な存在になっているのです。たとえば，コンビニエン
ス・ストア（以下CVSとする）の売場を見れば，「ちくわ」は冷蔵ケースで陳列
されるだけでなく，総菜の「のり弁」や「冷やし麺」にトッピングされた天ぷら
や磯辺揚げにも使用されています。またレジの横にある「おでん鍋」の中にも，
ゆで卵や煮大根と並んで「ちくわ」が品揃えされていませんか？

　このように最終消費者は「ちくわ」そのものを購入するのではなく，自身やそ
の家族のお腹を満たす手段として，そして，生活上の目的実現のため[2]に購入さ
れるのです。ここで言う生活上の目的実現のために「ちくわ」を購入する場合とは，
「生食用のちくわ」なら賞味期限内に美味しさと食感を楽しめること，また「煮
込みちくわ」なら煮込んで温かいおでんや煮物に調理して美味しいことが，その「ち
くわ」を選んだ理由となります。そのために企業は競合他社に対して，ブランド
や価格などの差別化を図るだけではなく，生活上の目的実現可能性をイメージさ
せるそれぞれの戦略を推し進めるのです。

4．売り手である買い手の願望

　ビジネスである以上，自社の利潤追求は当然のことになりますが，産業財とし
て企業を取引先にするために3つの重要なポイントがあります。まず取引先の購
買戦略は，その製品の販売戦略に規定されます。買い手である取引先も消費者に

対して売り手ということです。商品が売れ続けるからこそ，原材料であるわれわれの製品を購買していただけるのです。取引先における製造方法や賞味期限の実現のために，取引先の顧客である納品先の店頭での保管方法や，最終消費者がいつ，どうやって食べるのかという喫食条件を考えなければなりません。

　喫食条件の具体例として，外食のうどん店ならば店員が調理し，お客様は即食されますから，できたての美味しさが大切なことになります。上述したCVSのお弁当ならば，店舗の販売条件だけでなく，消費者が喫食するまでの環境条件に耐え得る品質基準を満たすことや，レジで店員さんに「温めますか」と尋ねられて，業務用高性能電子レンジで加熱されること，そしてお弁当工場の大量調理の工程で加熱や冷却によって品質劣化しないことが大切です。またレジ横にあるおでん鍋の「ちくわ」ならば，店舗の調理条件を満たし，おでん鍋で陳列される間に香味・色沢・食感・見栄えを維持する経時耐性を持ち合わせなければなりません。安全という定量的な品質だけでなく，消費者が喫食するまでの過程で減損する安心という定性的な品質を担保することも大切になります。

　次に取引先の組織購買の願望を満たさなければなりません。具体的には標的顧客のニーズを充足させ，利潤をできる限り確保するために費用を下げたいという欲求です。買い手にとって原材料や労働力は費用です。総費用の削減は，原材料の価格だけでなく，取引先における生産性や，歩留り向上のための納品単位当たりの重量や個数の最適化も重要な価格戦略となります。取引先が単独店のうどん屋さんならば，厨房もコンパクトです。たとえ経済的であっても納品量が多くて，保管スペースに入りきらなければ食材のロスが生じます。そして，多店舗チェーンならば店舗数分だけロスの総和が多くなるだけでなく，不足すれば販売機会の損失の総和も大きくなります。また食品製造業などの産業需要家に見られる単品大量生産の場合，量目が少ないと脱箱や開封の手間やゴミが増えて作業性が悪くなります。取引先でカット作業を行う場合にはその作業のための労務費用のみならず，製造時の不良品も原料費用になります。ちくわを包丁で輪切りにすることは案外簡単ですが，縦半分に切る場合は，熟練度による出来高のバラツキや，切り損なって形状不良が発生する可能性もあります。さらには従業員が包丁で怪我をすれば労災に繋がります。最終消費者にとって商品が「美味しい」ことだけではなく，取引先の総費用削減に繋がるように，衛生面や効率的な使用方法の提案，

働く方の安全や環境に配慮した製品技術の独自性，その情報提供も大切になります。取引先の販売戦略に基づく生産と，その仕入戦略に適合させなければ購買はされません。

　そして最後に，取引先の購買・開発担当者や，生産・品質管理担当者や，その経営者にとって，この原料選択こそが自己のビジネスの成功を確信し，ご自身やその家族も幸せにできるという自己実現願望も想起できたら言うことはありません。購買者である企業と，そこで働く個人の願望を実現することも大切です。

5．お客が変われば訴求方法も変わる

　産業財として企業を取引先とする商品のため，消費財とは訴求方法が変わります。開発担当者が製品コンセプトの立案や，自社の製造ラインを想定して製品化を想起できるように，五味・五法・五色，和風・洋風・中華風の主菜や炭水化物等の主食との組合せを網羅したメニュー・レシピ・ブックを準備しました。また製品ライフ・サイクルの短期化に対して，当社が能動的にリニューアル提案を行えるように季節ごとの商品展開表を作り，取引先の継続購買を狙いました。媒体については，外食・中食企業の開発担当者の目に留まるように，記事や広告は専門誌に掲載しました。宣伝費を有効活用するために，業界紙のパブリシティや，市販ブランドを利用した成分ブランド化による営業担当者の動機向上を図りました。

　また産業財は取引先の開発担当者の製品化のみならず，品質・生産管理や，購買責任者や，経営者のそれぞれの承認が必要になります。産業財は購買意思決定が多岐にわたり，それぞれの責任や目標が異なるため，役割や立場の責任を理解し，その責務を果たすため，代替・競合品とのコンセプトや，衛生面の品質や，総費用の違いを比較訴求する手段等も必要になります。買い手が変われば売り方も変わるのです。

6．市場選定と小さな成功例を作る

　さて，魚肉ソーセージのヘルシーなコンセプトをどの市場から導入するか。お客様の胃袋に入れるためにどうやって畜産加工品の代替にするか。方法が正しくても手順を誤ると成功は困難です。生活者が食事を調達する方法を顧みれば，内食のように家庭内調理での調理済加工食品の利用や，外食・中食といった食の外

部化というものに分けられます。1980年代にファミリー・レストランでサラダとして登場したブロッコリーやパプリカなどの目新しい食材や，様々なドレッシングなどの調味料のように，外食による新しい食体験や，調理済商品を惣菜売場で目にすることで，材料を買って自分で調理してみようといった動機も生まれ，今では，どこの家でも使用され，食卓に普及しています。そのような普及事例から，料飲店をターゲットとして，魚肉ソーセージの串カツを提案し，飲酒のおつまみメニューという展開を進めました。全国の出張者が立寄る東京駅を導入地点とし，構内の老舗日本酒メーカーのアンテナ・ショップや，駅構内に続く大手町地下のカフェ・レストランでメニュー展開を進めました。どちらのお店も，ビジネスを終え，出張の帰路の列車まで，時間つぶしに飲食を楽しめるお店でした。どちらも東京駅再開発のため現在はありませんが，快く引き受けてくださったうえに，お客様の評判や製品改良の気づきをいただき，大変お世話になりました。メニューは体調管理に留意する出張者の間で好評となり，飲食品質原体験の場で得た情報は，その後のビジネス展開に大いに役立ちました。特に居酒屋業態では，串カツやフライは馴染み深いメニューであり，お店のお客様にとっては畜産加工品に比べて脂質が低いこと，そして，取引先にとっては食材の在庫管理や調理が簡便になりました。

7．思い込みを捨ててみること

　ヘルシーをコンセプトに畜産加工品の代替提案として販売に辛労するころ，営業担当者から，中国地方で地元A社品を使用する量販店惣菜売場が，当社の取引先になったことを聞き知りました。この収穫から，産業財の購買活動こそ，過去の目的や価値の継承といった伝統的行動にとらわれることなく，新たな目的や価値の導入という克服的行動に進化する[3]のではないか，という仮説を得るに至り，中国地方同様に魚肉ソーセージの購買金額が高い長野県で中食市場への展開を行いました。ここでも簡便性が評価され，地元B社品から当社の取引先になりました。また同取引先の系列惣菜加工会社では，ポテトサラダの原材料に地元B社品の魚肉ソーセージを使用していることを知り，当社がアプローチを開始すると，作業が軽易になる（写真2）という理由で当社の取引先になりました。ポテトサラダは生産量の問題から長野県の地域限定販売でしたが，当社品によって大量調理が

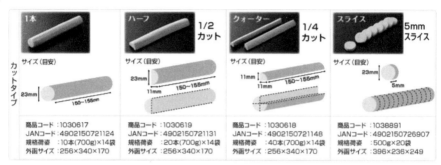

商品コード：1030617	商品コード：1030619	商品コード：1030618	商品コード：1038891
JANコード：4902150721124	JANコード：4902150721131	JANコード：4902150721148	JANコード：4902150726907
規格荷姿：10本（700g）×14袋	規格荷姿：20本（700g）×14袋	規格荷姿：40本（700g）×14袋	規格荷姿：500g×20袋
外函サイズ：256×340×170	外函サイズ：256×340×170	外函サイズ：256×340×170	外函サイズ：396×236×249

〔写真2〕在庫管理や調理等，簡便性を追求した一例。

可能となり，共通の嗜好性を持つ北海道エリア等に水平展開され，やがて取引先の全店で周年販売になりました。このポテトサラダを目にした北海道の競合店は，地元Ｃ社品を使用していましたが，当社の取引先になりました。

　上述したケースに登場する会社は，Ａ社もＢ社も各々の地元で市販用商品の高いシェアを持っている会社であり，そこから取引先変更を獲得することに成功しました。そして，地産地消志向が高い道内においても，地元Ｃ社品に拘らず，当社の品質要素を選択していただくことになりました。自社で設定した仮説は案外的外れではなかったようです。

8．既存チャネルの活用

　この製品は自社製品の原材料にも使用できました。製造設備の手直しによって調味料の充填が可能になり，部門の壁を越えた製品化も進み，新たな組織や間接費を増やさない収益拡大を実現しました。電子レンジ調理可能な市販用冷凍食品が販売されただけでなく，自社の既存チャネルを活用して，様々な調理設備を持たない外食・中食企業に向けて，包材を変更した業務用冷凍食品（写真3）として販売されています。

〔写真3〕業務用冷凍食品。

　最後になりますが，企業の真の競争相手とは，競合他社ではなく，個々の都合や意向で欲望や願望が生々流転する生活者と切磋琢磨することではないでしょうか。身の回りによくある些細なことを蔑ろにせず，自社の強みを競合他社と異なる方法で活用することを模索し，様々な関係性を通じてお客様の笑顔を実現すること。そのような新たな価値づくりに，企業の未来を支える「生長」の機会が潜んでいるのではないでしょうか。

注
(1)　ここでは，農林水産省のソーセージの日本農林規格により「ソーセージ風」としています。
(2)　大友（2014b，118-119頁）。
(3)　上原（1986，205-209頁）。

おわりに

　本書の出版企画が持ち上がったのは，もう３年以上も前のことになります。事の発端は，同文舘出版株式会社 前取締役編集局長である市川良之氏が，松山大学の河内研究室を訪ねて来ていただいた時に交わした会話の中にありました。現在の大学生の状況をはじめ様々にヒアリングを受ける中で，出版界にどのような書籍やテキストが必要であるのか，河内が思うところについて，一大学教員としての立場から進言する機会があったことに由来します。

　そこで河内が述べたことは２つのことでした。１つは，専門分野について初習する大学生にとってみると，いかにマーケティングが身近な学問の代表であるとは言え，いま学習している事柄が現実の現象や動きとどのようにリンクしているのかわかりにくい。タイムリーな事例を豊富化し，またビジュアル的にも豊富化した初習テキストが必要とされているのではないか。そして２つめとして，ビジネスの“現場”で使うための“使える”書籍の出版が，昨今手薄になっているのではない。このようなことを申し上げたことを今でも覚えています。

　前者は，大学生の認識やその実態からすると，１年生や２年生で使うのに都合の良い導入テキストが見当たらないということです。標準テキストを用いて，１年生や２年生にもわかるように解説をするのが教員の力量ではないかとのご批判も受けるのは承知の上であるものの，大学に入学したばかりの学生が認識している世界観からすると，どのような事例ならわかり，どのようなアプローチなら説明に納得してもらえるのか，われわれの認識との解離が年々拡がってきていることを実感するようになっていたのも確かです。まずは，マーケティング現象の説明に辿り着く前第階として，彼らの認識する世界観にアプローチし，彼らの世界観にあるマーケティング現象に辿りつく糸口となるようなインターフェイスがテキストとして必要である，と感じていたのです。

　他方後者は，河内が松山大学に着任して以降，社会人を対象としたビジネス講座を受け持つ中で生じてきた問題意識の１つでもありました。恩師である指導教授の大友より，比較的早くから，ビジネス講座を担当するようにと指導を

受けていたこともあり，現実のビジネス実務に携わっておられる皆様と接触する機会に恵まれてきました。

　そのような経緯により，河内はビジネス実務に携わる方々と接する機会が増えていったわけですが，ある時より，ビジネス講座の修了後に，何かビジネス実務で参考になる書籍を紹介してもらえないか，という相談を受ける機会が多くなりました。時には，講座修了後数年経ってから，メールで問い合わせをいただくこともありました。そのような相談に応えるべく改めて書籍を見渡してみると，ビジネス実務に携わっておられる方々にとって有効的で，かつビジネス実践として戦略成果に結びつくような示唆が得られる書籍というのは意外なほど少ないことに，改めて気がつかされたのです。何か役に立つような最新の理論が紹介されている書籍は年々増えているにもかかわらず，相談される方は皆一様に，そのような書籍は"読んで知識習得をして終わり"と言うのです。最新理論を知ることの重要性は十分に理解できるものの，それがビジネス成果として"売り"に繋がることは別次元の話。ちょうど，市川氏と会話をしたタイミングというのは，どこかそのような実務と研究との乖離があることを，受講者や相談者の皆さん自身から声が上るようになってきた矢先のことでした。

　こうした中で，過去を振り返れば，明治大学商学部のマーケティング関連科目担当教員と同文舘出版とのお付き合いは特別なものでした。大友は1970年代前半に学部生として，清水晶，三上富三郎，徳永豊，刀根武晴，江田三喜男，澤内隆志といった当時の日本商業学会を代表するような諸先生方のテキストで学び，また河内はこれらの先生方の後を継いだ，井上崇通，小川智由，菊池一夫，小林一，猿渡敏公，高橋昭夫，原頼利，福田康典，町田一兵といった諸先生方のテキストで学んだり，あるいは折に触れてご指導いただいたりしましたが，そのテキストのほとんどが同文舘出版より刊行されたものでした。どの先生方の書物もビジネスの現場と直結した理論展開がなされ，当時の経営者やビジネス人，商業関係者に多大なる貢献を果たしてきました。本書もこうした歴史的経緯のなかで，明治大学商学部の一門として教鞭をとる大友と河内の共著の企画がなされたのです。

　本書の内容は，このような明治大学商学部のそうそうたる先達の先生方からすれば，ご批判とご指摘を受ける箇所が多く残されているかと思います。しか

し，明治大学商学部が伝統的に有してきた学風やその研究姿勢については，その血脈が受け継がれているものと認めていただけるのではないかと思っております。もちろん，これまでの多くの商学部の先生方が，出版を通じて世に問うてきた理論に比肩するには到底程遠いことも認識しております。特にビジネス実務の皆様からみれば，また新たな問題が生み出されることがあるかもしれません。そのような点やご批判については真摯に受け止め，われわれの次なる研究課題として，研鑽を積んでいきたいと考えております。

　最後になりましたが，本書の執筆にあたっては，Short Caseとして具体的な実務例をご紹介いただき，本書を読み進めるにあたっての実務イメージを与えてくださいました小堺規行氏ならびに松田良太氏に心より御礼申し上げます。
　また，同文舘出版株式会社 前取締役編集局長の市川良之氏，および専門書編集部の有村知記氏に大変お世話になりました。ここに記して，お二人のお力添えに厚く御礼を申し上げる次第です。

2020年7月

大友　　純
河内　俊樹

参考文献

Alderson, W. (1955) "Needs, wants, and Creative Marketing", *Cost and Profit Out-look*, Vol.8, No.9, pp.1-3.: Reprinted under Alderson Associates Inc. in Westing, H. and G. Albaum. editors (1964) *Modern Marketing Thought An Environmental Approach to Marketing*, 1st ed., pp.18-21, Macmillan, NY.

Buzzell, R. D. (1982) "Marketing Management: Past, Present, and Future", *Proceeding of the Marketing Science Institute 20th Anniversary Conference*, pp.63-66.

Christensen, C. M. (2000) *The Innovator's Dilemma: When New Technologies Cause Great Firms to Fall*, Harvard Business School Press. (クレイトン・クリステンセン著, 玉田俊平太監修, 伊豆原弓訳 (2001)『イノベーションのジレンマ (増補改訂版)』翔泳社。)

Day, G. S. and R. Wensley (1983) "Priorities for in Strategic Marketing", *Marketing Science Institute, Working Paper*, Report No.83-103, pp.1-24.

Drucker, P. F. (1973) *Management: Tasks, Responsibilities, Practices*, Harper & Row, Publishers. (ピーター・ドラッカー著, 有賀裕子訳 (2008)『マネジメントⅠ 務め, 責任, 実践』日経BP社。)

Drucker, P. F. (1974) *Management: Tasks, Responsibilities, Practices*, Harper & Row, Publishers. (ピーター・ドラッカー著, 野田一夫・村上恒夫監訳 (1974)『マネジメント (上) (下) ―課題・責任・実践―』ダイヤモンド社。)

Drucker, P. F. (1974) *Management: Tasks, Responsibilities, Practices*, Harper & Row, Publishers. (ピーター・ドラッカー著, 上田惇生編訳 (2001)『マネジメント【エッセンシャル版】―基本と原則―』ダイヤモンド社。)

Galbraith, J. K. (1998) *The Affluent Society*, New ed., Houghton Mifflin. (ジョン・ガルブレイス著, 鈴木哲太郎訳 (2006)『ゆたかな社会 (決定版)』(岩波現代文庫), 岩波書店。)

Hamel, G. and C. K. Prahalad (1994) *Competing for the Future*, Harvard Business School Press. (ゲイリー・ハメル, コインバートル・プラハラード著, 一條和生訳 (2001)『コア・コンピタンス経営―未来への競争戦略―』日本経済新聞出版社。)

Kotler, P. (1980) *Principles of Marketing*, Prentice-Hall. (フィリップ・コトラー著, 村田昭治監修, 和田充夫・上原征彦訳 (1983)『マーケティング原理―戦略的アプローチ―』ダイヤモンド社。)

Kotler, P. (1981) *Marketing Management: Analysis, Planning, and Control*, 4th ed., Prentice-Hall. (フィリップ・コトラー著, 村田昭治監修, 小坂恕・疋田聰・三村優子訳 (1983)『マーケティング・マネジメント：競争的戦略時代の発想と展開』プレジデント社。)

Levitt, T. (1969) *Marketing for Business Growth*, McGraw-Hill. (セオドア・レビット

著，土岐坤訳（1975）『発展のマーケティング―「マーケティング発想法」再考―』ダイヤモンド社。）

Levitt, T. (1974) *Marketing for Business Growth*, 2nd ed., McGraw-Hill.（セオドア・レビット著，土岐坤・DIAMONDハーバード・ビジネス・レビュー編集部訳（2002）『レビットのマーケティング思考法―本質・戦略・実践―』ダイヤモンド社。）

Luhmann, N. (1984) *Soziale Systeme: Grundriß einer allgemeinen Theorie*, Suhrkamp Verlag Frankfurt am Main.（ニクラス・ルーマン著，佐藤勉監訳（1993）『社会システム理論　上巻』恒星社厚生閣。）

Narver, J. C. and R. Savitt (1971) *Conceptual Readings in the Marketing Economy*, (*Holt, Rinehart and Winston Marketing Series*), Holt, Rinehart and Winston.

Malthus, T. R. (1827) *Definitions in Political Economy: Preceded by an Inquiry Into the Rules which Ought to Guide Political Economists in the Definition and Use of Their Terms, with Remarks on the Deviation from These Rules in Their Writings*, John Murray, Albemarle-Street.（トマス・マルサス著，玉野井芳郎訳（1977）『経済学における諸定義』（岩波文庫）岩波書店。）

McKenna, R. (1991) *Relationship Marketing*, Addison-Wesley Publishing Company, Inc.（レジス・マッケンナ著，三菱商事株式会社情報産業グループ訳（1992）『ザ・マーケティング―「顧客の時代」の成功戦略―』ダイヤモンド社。）

Pine Ⅱ, B. J. and J. H. Gilmore (1999) *The Experience Economy*, Harvard Business School Press.（ジョセフ・パインⅡ，ジェームス・ギルモア著，岡本慶一・小髙尚子訳（2005）『［新訳］経験経済―脱コモディティ化のマーケティング戦略―』ダイヤモンド社。）

Peppers, D. and M. Rogers (1993), The One to One Future, Doubleday.（ドン・ペパーズ，マーサ・ロジャーズ著，井関利明監訳（1995）『ONE to ONEマーケティング―顧客リレーションシップ戦略―』ダイヤモンド社。

Strong, E. K. (1925) *Psychology of Selling and Advertising*, McGraw-Hill.

Vogel, E. F. (1979) *Japan as Number One: Lessons for America*, Harvard University Press.（エズラ・ヴォーゲル著，広中和歌子・木本彰子訳（1979）『ジャパンアズナンバーワン』TBSブリタニカ。）

Welch, J. F. Jr. (1985) "Where is Marketing Now That We Really Need It ?", in S. C. Jain, ed., *Marketing Planning and Strategy*, 2nd ed., South-Western Publishing Co.

朝日新聞（2006）「サザエさんをさがして　どこでもご飯が炊けた 電気釜」（5月27日朝刊）。

朝日新聞（2010a）「炊パン器 ふくらむ期待」（11月11日朝刊）。

朝日新聞（2010b）「GOPAN予約中止へ」（11月25日朝刊）。

石井淳蔵（2012）『営業をマネジメントする』（岩波現代文庫），岩波書店。

井上崇通（1990）「戦略マーケティングの分析枠組を求めて（一）」『社会科学論集』（名古屋経済大学・市邨学園短期大学社会科学研究会），第49号，39-77頁。

井上崇通（2001）『新版マーケティング戦略と診断』同友館。

井上崇通（2018）『消費者行動論（第 2 版）』同文舘出版。

今田高俊（1986）『自己組織性―社会理論の復活―』（現代自由学芸叢書），創文社。

上原征彦（1986）『経営戦略とマーケティングの新展開』誠文堂新光社。

上原征彦（1998）「新しいマーケティング戦略の考え方・進め方」日経広告研究所編『平成10年版 広告に携わる人の総合講座―理論とケース・スタディー―』日本経済新聞社，19-35頁。

上原征彦（1999）『マーケティング戦略論』有斐閣。

上原征彦（2008）「創発マーケティングの実践理論」DNP創発マーケティング研究会・井関利明・山岡悟・新井範子・上原征彦編『創発するマーケティング』日経BP企画，276-313頁。

上原征彦（2014a）「製品戦略からみた営業の役割と創発」DNP創発マーケティング研究会・上原征彦・小林哲・齋藤訓之・中麻弥美・薬袋貴久『創発する営業』丸善出版，85-101頁。

上原征彦（2014b）「ブランド力・共同体・文化創造」上原征彦・大友純『価値づくりマーケティング―需要創造のための実践知―』丸善出版，48-59頁。

梅澤伸嘉（2012）「新市場創造型商品の実証的研究―長期間NO.1の実態とその要因について―」日本市場創造研究会編『市場創造研究』第 1 巻，10-17頁。

NHK取材班（2019）『暴走するネット広告― 1 兆8000億円市場の落とし穴―』（NHK 出版新書）NHK出版。

大友純（1993）「サービスシステムとしての新しい価値創造―これからの顧客満足にいかに応えるか―」『企業診断』第40巻第 1 号，33-39頁。

大友純（1999）「産業財マーケティング戦略に関する新視点」『経営学紀要』（亜細亜大学短期大学部学術研究所），第 7 巻第 1 号，1-32頁。

大友純（2001a）「『財』のコミュニケーション特質とプロモーション戦略」『日経広告研究所報』第197号，22-28頁。

大友純（2001b）「マーケティング・コミュニケーションの戦略課題とその本質―プロモーション戦略の求心的要因を求めて―」『明大商学論叢』（明治大学商学研究所），第83巻第 1 号，205-231頁。

大友純（2002）「産業財製造業者における技術と広告の役割」『明大商学論叢』（明治大学商学研究所），第84巻第 1 号（刀根武晴博士ご退任記念号），165-180頁。

大友純（2003）「マーケティングにおける欲望分析序説」『明大商学論叢』（明治大学商学研究所），第85巻第 4 号，87-105頁。

大友純（2004）「マーケティング戦略研究における欲望分析の重要性」『明大商学論叢』（明治大学商学研究所），第86巻第 3 号，37-55頁。

大友純（2010）「老舗に学ぶ―不拡大永続主義のすすめ―」『企業診断』第57巻第 1 号，20-26頁。

大友純（2014a）「マーケティングにおける欲望分析再考」上原征彦・大友純『価値づくりマーケティング―需要創造のための実践知―』丸善出版，82-104頁。

大友純（2014b）「願望概念とマーケティング戦略への適応」上原征彦・大友純『価値

づくりマーケティング—需要創造のための実践知—』丸善出版，105-127頁。

大友純（2014c）「社会的価値システム概念とマーケティング行為の本質」上原征彦・大友純『価値づくりマーケティング—需要創造のための実践知—』丸善出版，128-149頁。

大友純（2014d）「永続性原理の探索と現代企業の基本課題—不拡大永続主義のすすめ—」上原征彦・大友純『価値づくりマーケティング—需要創造のための実践知—』丸善出版，150-185頁。

大友純（2015a）「5.インダストリアル・マーケティング診断の基本視点」（第6章「マーケティング診断」所収）日本経営診断学会編『日本経営診断学会叢書　第①巻　経営診断の体系』同友館，222-229頁。

大友純（2015b）「マーケティングとは何か」碓氷悟史・大友純『賢い企業は拡大主義より永続主義—マーケティング論と会計学が同じ結論に達した—』同文舘出版，3-10頁。

大友純（2015c）「企業のマーケティングの枠組みとその実際」碓氷悟史・大友純『賢い企業は拡大主義より永続主義—マーケティング論と会計学が同じ結論に達した—』同文舘出版，11-24頁。

大友純（2015d）「企業の規模拡大志向とその問題点」碓氷悟史・大友純『賢い企業は拡大主義より永続主義—マーケティング論と会計学が同じ結論に達した—』同文舘出版，25-45頁。

大友純（2015e）「産出量の拡大と費用の関係に見る拡大主義の限界性」碓氷悟史・大友純『賢い企業は拡大主義より永続主義—マーケティング論と会計学が同じ結論に達した—』同文舘出版，46-58頁。

大友純（2015f）「不拡大永続主義の論理とその方法」碓氷悟史・大友純『賢い企業は拡大主義より永続主義—マーケティング論と会計学が同じ結論に達した—』同文舘出版，59-73頁。

金森久雄・荒憲治郎・森口親司（2013）『有斐閣経済辞典（第5版）』有斐閣。

環境主義マーケティング研究会編，三上富三郎ほか著（1992）『環境主義マーケティング』日本能率協会マネジメントセンター。

岸谷和広（2016）「コミュニケーションによる顧客創造—ファーストリテイリング　ヒートテック—」石井淳蔵・廣田章光・坂田隆文編『1からのマーケティング・デザイン』碩学舎，71-82頁。

金田一春彦編（1994）『学研現代新国語辞典』学習研究社。

小堺規行（2006）『使える理論の使い方の論理—マーケティング理論の効果的実践のために—』（リバティ・アカデミーブックレットNo.3）明治大学リバティ・アカデミー。

小林一（2001）「マーケティング戦略論の進化と総合—過去，現在，未来—」『企業診断』第48巻第9号，46-53頁。

島岡丘編（2002）『ワードパワー英英和辞典』増進会出版社。(*Oxford Wordpower Dictionary*, 2nd ed., Oxford University Press, 2000.)

嶋口充輝（1984）『戦略的マーケティングの論理—需要調整・社会対応・競争対応の科

学―』誠文堂新光社。

高嶋克義・田村直樹（2016）『45のエピソードからみる営業の課題解決』同文舘出版。

田村正紀（1999）『機動営業力』日本経済新聞社。

帝国データバンク史料館・産業調査部編（2009）『百年続く企業の条件―老舗は変化を恐れない―』（朝日新書）朝日新聞出版。

徳永豊（1966）『マーケティング戦略論』同文舘。

刀根武晴（1984a）「アフターセールス戦略の課題と方向」『明大商学論叢』（明治大学商学研究所），第66巻第5・6・7号（三上富三郎博士古稀記念号），77-94頁。

刀根武晴（1984b）「マーケティングと消費者サービス」『マーケティングジャーナル』第4巻第1号，29-39頁。

刀根武晴（1993）「顧客満足のための新しい価値創造」『企業診断』第40巻第1号，13-18頁。

刀根武晴（2006）「マーケティング戦略における顧客満足活動の実践」『経営学論集』（九州産業大学経営学会），第17巻第1号（刀根武晴先生退任記念号），1-15頁。

中西正雄（2010）「新『営業の本質』」中西正雄・登坂一博編『顧客価値創造型営業への進化―新たな営業戦略の論理と実践―』ジェイティービー能力開発，6-22頁。

西尾実・岩淵悦太郎・水谷静夫編（1963）『岩波国語辞典』岩波書店。

丹羽清（2006）『技術経営論』東京大学出版会。

三上富三郎（1982）『ソーシャル・マーケティング―21世紀に向けての新しいマーケティング―』同文舘。

村松潤一（2002）『戦略的マーケティングの新展開（第二版）』同文舘出版。

村松潤一（2009）『コーポレート・マーケティング―市場創造と企業システムの構築―』同文舘出版。

山本眞功監修（2005）『商家の家訓―商いの知恵と掟―』青春出版社。

和田充夫（1998）『関係性マーケティングの構図』有斐閣。

索 引

212

216

218

［著者紹介］

大友　純（おおとも・じゅん）
明治大学商学部教授
1985年3月，明治大学大学院商学研究科博士後期課程退学後，1986年より日本経済短期大学経営学科専任講師，助教授，1993年4月より亜細亜大学短期大学部教授を経て，2000年より現職に至る。
著書に『価値づくりマーケティング―需要創造のための実践知―』（共著，2014年，丸善出版），『日本経営診断学会叢書 第①巻 経営診断の体系』（共著，2015年，同友館），『賢い企業は拡大主義より永続主義―マーケティング論と会計学が同じ結論に達した―』（共著，2015年，同文舘出版）ほか多数。

河内　俊樹（かわうち・としき）
松山大学経営学部准教授
2010年3月，明治大学大学院商学研究科博士後期課程退学後，同年4月より松山大学経営学部専任講師，2012年4月より現職に至る。また，2014年より松山大学大学院経営学研究科准教授。
著書に『ベーシック流通論』（共著，2015年，同文舘出版），『アートゾーンデザイン―地域価値創造戦略―』（共著，2016年，同友館），『クリエイティブビジネス論―大都市創造のためのビジネスデザイン―』（地域デザイン学会叢書5）（共著，2017年，学文社）ほか多数。

2020年7月30日　初版発行　　　　　　　略称：ビジネスマーケ戦略

ビジネスのためのマーケティング戦略論
―企業の永続化を目指す実践的考え方―

著　者 ©　大　友　　　純
　　　　　河　内　俊　樹
発行者　　中　島　治　久

発行所　**同文舘出版株式会社**
東京都千代田区神田神保町1-41〒101-0051
電話 営業(03)3294-1801編集(03)3294-1803
http://www.dobunkan.co.jp

Printed in Japan 2020　　　　　　　製版：一企画
　　　　　　　　　　　　　　　　印刷・製本：萩原印刷
ISBN978-4-495-65002-5